戀愛時當好情人，結婚後做好朋友

【下班女王】朱衛茵&【愛情上尉】KEN◎著

【下班女王Rosita自序】

自己，就是自己的愛神

Baby，你們知道嗎？寫這本書是因為我有好多好多東西，想與你們分享。

我曾經以為愛神是如此地不眷顧我，沒有給我理想中的愛情。可是，後來我發現成長的力量是很強大的，原來愛神從沒有虧待任何人。

尤其是當我在愛情中成長了之後，我才發現所有關於愛情的禮物，神都為我們準備好了，只等著我們自己什麼時候拿出力量去爭取它們，為我們帶來豐盛和幸福。

我自己經歷過愛情裡的不安全感、愛情裡的冷漠相對、愛情裡的背叛，也曾經不明白為什麼會發生這樣的事情。

但我相信，每一個問題總有答案，所以後來我看了很多書，聽了很多人的想法，一點一滴釐清了這其中的是非曲折。

而且我將這一切付諸行動，找出真正的自我，找出自信，謙卑地理解感情這件事情。

特別在我認識「愛情上尉 Ken」之後，更清楚明白男性對愛情裡的看法，以及在愛情裡的作為，就更豁然開朗了。

現在的我多想開心地告訴你們，愛情是一件多麼美好的事情。

最棒的是，我們每一個人就是自己的愛神，我們真的可以為自己做很多事情，去改變自己在愛情裡的命運。

很多朋友都對我說：「Rosita，妳真是一個可愛的女人。」當他們這麼說的時候，其實我並不意外，因為我一直努力讓自己成為一個可愛的女人。

什麼樣的女人可愛呢？

我認為最重要的是善良。如果一個女人本性善良，她所做的事情都是出自於善意，那麼她就可能得到善意的回應。

其次就是愛自己。當一個女人懂得愛自己之後，她不會讓自己處在不修邊幅、不在乎人際關係的狀態，她會去努力提升外表和談吐，學會讓自己成為一個受歡迎的人。

我覺得每一個愛自己的女人，不管是否處於戀愛中，都可以散發著戀愛中的可愛魅力。

當妳懂得愛自己，妳就能成為自己的愛神了。

讓自己成為具備「愛情吸引力」的人並不難，只需要認識自己在愛情裡的吸引力是什麼。有些人是外型漂亮，有些人是個性親切，有些人是活潑大方。妳呢？妳知道自己在愛情裡的吸引力是什麼嗎？讓它成為吸引愛情的燈塔吧！

找到愛情磁場並不難，只需要改變生活方式，朝著能有機會和異性認識的場合去走，妳自然就會比較懂得如何和異性相處，培養出吸引異性的外型和氣質。

讓自己在愛情中如魚得水並不難，Baby，去了解妳所愛的那個人，當妳認識了真實的他之後，妳就不會對他的每一個行為患得患失。

然後記得，每一次生氣之前先冷靜下來多想一分鐘，妳會得到更棒的結果。

常常有聽眾對我說，他們在感情上的風風雨雨，期盼下一個戀人更好，生活更幸福。雖然透過空中，隔著距離，但我還是能感受到當下他們的寂寞。

因此，我常常想著的是：要怎麼樣幫助我所深愛的聽眾？給他們最棒的建議？如同他們在我人生低潮時給我的加油打氣一樣。

當我認識了「愛情上尉 Ken」之後，讓我發現過去許多我認識不清的感情習題，因為和「愛情上尉 Ken」一起討論而激發出火花之後，我就邀請他來當我的共同主持人，一起找出為大家解決感情問題的好方法。

我希望將這些美好的火花分享給更多人，因此決定將它們化為文字，送給每一位朋友。我很開心在愛情中，我是我，我從來沒有變成別人，只是把原本的自己變得更好了。

妳也這麼期待嗎？Baby，我也好期待妳能透過我的分享，一起努力，感受到

我現在的快樂。

「自己就可以成為自己的愛神」，這句話幫助我活在一個不再孤獨、不再缺乏安全感的世界裡。

我相信，妳也一定做得到。

【愛情上尉 Ken 自序】

柔軟，是愛情的唯一道路

從事多年公共關係（Public Relations）、人際關係和兩性關係的工作與教學，常常有人在講座或課堂上，詢問我她們最有興趣的一些兩性問題，內容最多的就是：

「Ken，你覺得他愛我嗎？」

「Ken 老師，我適合結婚嗎？」

「請問，他對我做了這些事情，我要分手嗎？」

「愛情上尉，你們男人到底在想什麼？」

男女的大不同在兩性愛戀關係中更顯出差異。

身處東方社會我常說：從小父母和老師一直沒教我們的兩件事就是：「如何安排自己的生活、跟怎麼談戀愛。」

我常說關於「愛情」這件事，沒有所謂的「專家」（expert），只有經驗扎實的「行家」（PRO）。

愛情不能講道理，端視你對他（她）心裡了不了解。

愛情是最客制化（customerlization）的。

每對戀人、每個情人的「情節」都不同，無法用一套道理去套在每個人身上。

唯有借助經驗行家將「實情」剖析以告，才能避免在愛情的一段關係中為情所困，被愛沖昏。

多年的愛情教學與經驗，我很明白多數女人在愛情裡出了什麼問題，以及對於男人的追求和自己的不切實際與過於現實。在有了這麼多經驗之後，我也很清楚知道，女人在愛情當下發生什麼問題，有什麼解決的方法。

相較於多數男人不懂得、懶得、更不願意提出自己在愛情裡的需求，我一直很願意將我的心得與經驗真實地分享出來。

因為我認為，在一段感情當中，如果其中一個人過於委屈，另一個人也不會感到快樂。

因此，身為男人的我，也深刻地了解女人。當然更深刻地了解多數情侶在愛情當中會面臨的難題。我一直很希望能將這些心得，提供給所有在情海沉浮的男女：如何讓戀愛談得更順利、更美好。

我的想法得到 Rosita 的呼應，她邀請我擔任共同主持人，在節目裡和她一起激盪出對聽眾有幫助的想法，這對我來說是很有意義的事情。

現在，能將這些火花付諸文字，貢獻給更多讀者，對我來說不但深具意義，也是榮幸。

在這個單身率過高、離婚率居高不下、寂寞指數也飆高的現代社會裡，我認為是許多人都把感情看得太理智、設限太多、要求也太繁複的結果。

其實，感情一直是很簡單的事情，它只需要「柔軟」。

愛上一個人，那種心動是出於內心的「柔軟」，而和一個人如魚得水般相愛，靠著也是柔情似水的「柔軟」。

每個人天生都是不完美的，每個人也都不相同，兩個人在一起，如果沒有柔軟的身軀，就無法擁抱。如果每個人都想展現十足的自我，亮出身上的刺、唯我獨尊的時候，那麼，我們也就只能擁抱寂寞了。

我覺得很多兩性之間的問題，是來自於彼此的不夠了解。其實男人和女人，只要多了解彼此的個性和社會加諸於我們的壓力，就不會再多所責難，甚至彼此仇恨，而能為雙方帶來甜蜜的生活。

在愛情中，立場可以堅定，態度應該柔軟。愛情是靠著溝通為彼此找到橋樑，才能維繫下去。

在這本書當中，我提供了許多男性的思維，那種過去女人不了解而不認同的思維；我也提供了許多兩性溝通的有效方法，希望幫助「有情人終成眷屬」；我也很樂意告訴所有單身男性，如何修好愛情學分。

本書所能提到的或許尚有未盡完善之處，但每字每句都是出自於「愛情行家」的誠意之作。

我誠懇地向大家介紹這本書，當然更歡迎每一位讀完書的朋友，將你們的感動、你們的回應告訴我，我樂意與大家分享更多。

最後我要謝謝 Rosita，為了提供給讀者多元看法，而邀約我共同創作這本書。她是一個可愛的女人，我相信每一位見到她的人，都會這麼認為。

CONTENTS
目錄

CHAPTER2 好的愛情從自己出發

CHAPTER1
Baby，我不是不想對妳說心事

CHAPTER2

當女人變成公主、女王，男人開始逃亡

下班女王 Rosita 的領悟

CHAPTER1
親愛的，這是愛嗎？

破除妳的孤單迷障

七夕情人節又將近，這城市裡一頭洋溢著濃濃的甜蜜幸福，而另一頭卻彌漫著酸酸的孤獨氣味。

有人會說：「怕孤獨？找個人談戀愛就好了呀！」

但問題來了，該怎麼樣才能找到談戀愛的對象，擺脫寂寞孤單呢？

其實我覺得，要找個人談戀愛並沒有那麼困難，只要檢視一下目前的生活模式，就可以破除妳的「孤單迷障」了。

第一，妳是否從不把自己的時間留給愛情？

妳總是說工作繁重、壓力很大，幾乎找不出一點時間給愛情，所以只能認了這份孤單。

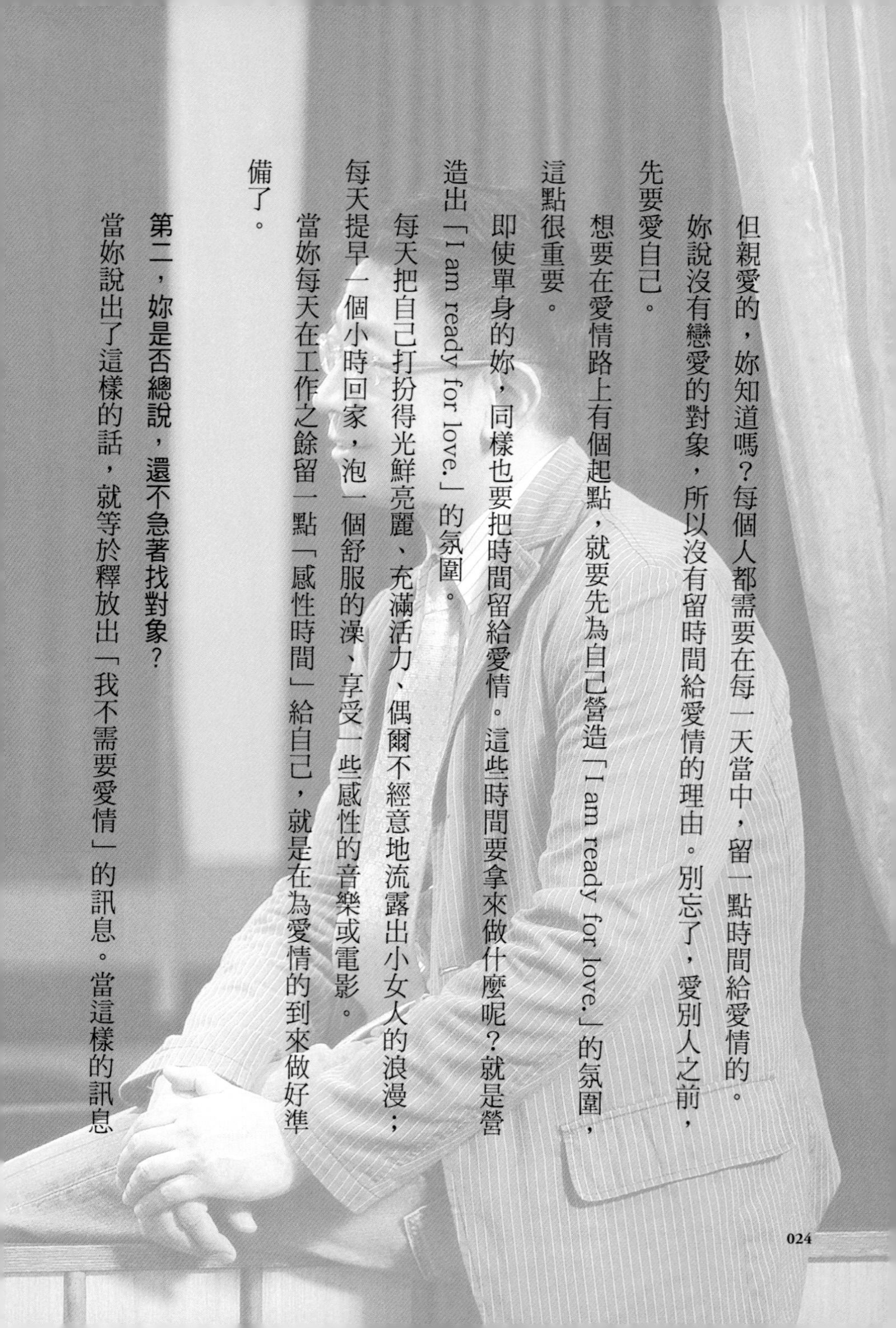

但親愛的，妳知道嗎？每個人都需要在每一天當中，留一點時間給愛情的。

妳說沒有戀愛的對象，所以沒有留時間給愛情的理由。別忘了，愛別人之前，先要愛自己。

想要在愛情路上有個起點，就要先為自己營造「I am ready for love.」的氛圍，這點很重要。

即使單身的妳，同樣也要把時間留給愛情。這些時間要拿來做什麼呢？就是營造出「I am ready for love.」的氛圍。

每天把自己打扮得光鮮亮麗、充滿活力、偶爾不經意地流露出小女人的浪漫；每天提早一個小時回家，泡一個舒服的澡、享受一些感性的音樂或電影。

當妳每天在工作之餘留一點「感性時間」給自己，就是在為愛情的到來做好準備了。

第二，妳是否總說，還不急著找對象？

當妳說出了這樣的話，就等於釋放出「我不需要愛情」的訊息。當這樣的訊息傳遞出去，妳想，愛情會來尋找「不需要它」的妳嗎？

我知道這不是妳的真心話，不然妳也不會一個人獨處時，有種孤單寂寞的感覺襲上心頭了。

妳一定也很希望在某些特別的時刻，節日、生日、地震或打雷的時候，能有個人陪在妳身邊對吧？

妳不急於找到形式上的伴侶（couple），但妳還是得真實地面對自己。

如果妳愛自己，就能夠時時傾聽到自己內心的需求。

妳並非隨時隨地都能扮演獨當一面的女強人角色，在某些時刻，妳仍然希望自己能被另一半關懷、了解。

如果這正是妳內心深處的話，就別再口是心非地說：「我還不急著找對象。」

或許妳可以改口向人說：「我還不急著找結婚對象，但我渴望有個感情對象。」

第三，妳是否只從事性別差異很大的活動？

許多女性的休閒活動無非是逛街和購物，她們經常出入百貨公司服裝專櫃、咖啡店、舞蹈教室……

當我說到這裡的時候，聰明的妳，應該知道問題出在哪裡了吧？

是的，問題就出在於：這些地方沒有男人。

如此一來，要怎麼為自己製造戀愛的機會呢？

曾經就有朋友有這樣的困擾。

當我了解她的生活模式之後，我建議她利用休閒時間去參加一些男女都會參與的活動，例如登山、高爾夫球……等等。

結果一年之後，我收到這位朋友的喜帖，而她的另一半，就是在登山社認識的。

第四，妳是否只和姊妹淘約會？

許多女性下了班之後、週末假期的休閒活動，幾乎都是和女同事、女性朋友、女性客戶和女性親戚一起逛街、吃飯聊天。

當她們的身邊總是圍繞著一群女性朋友的時候，不但不容易被男性注意到，即使原本對她們有興趣的男性，也可能因為身邊的姊妹淘實在勢力過於龐大，而感到卻步了。

第五、妳是否總是和比妳亮眼的女性朋友在一起？

妳和女性朋友或許感情好、很知心，無話不談，但是也別忘了為彼此保留一點空間，各自在生活中追求自己的夢想吧！

我朋友的母親曾經告誡她：「妳別老是一天到晚和朱某某混在一起啊！她的各方面都看起來比妳亮眼，這樣男生怎麼會注意到妳呢？」

友誼是美好的，也是平等的，不會有條件上的高低之分。

不過，我們有時不免還是得面對愛情上的現實——當妳的身邊總是圍繞著一位比妳搶眼的女生，異性總是比較難一眼就注意到妳、與妳墜入情網的。

要找個人談一場真實的戀愛，並不困難。

我認為，只要妳做好愛自己的準備，戀愛的契機就離妳不遠了。

戀愛準備期

愛情是上帝賦予我們的獨特禮物。

如果你有心愛的人，那麼恭喜你！

如果暫時還沒有，也請你好好愛自己。

不論現在有沒有喜歡的對象，在我們內心深處，一定要常保一顆愛戀的心。

在每天忙碌的生活之餘，撥出一些時間獨處，好好地與自己對話，可以幫助你看見自己、認識自己。

當你清楚自己在愛情裡的樣子，那麼當另一半出現時，相信你也會從他的身上，看到適合自己的伴侶樣子。

許多女生大嘆：「好男人都是別人的了，還單身的好男人，絕對都是ｇａｙ！」

言下之意，要遇見愛情真的很不容易。

但是，我想反問的是：妳現在處於可以戀愛的狀態嗎？

如果眼前出現了一個妳夢寐以求的男性，妳知道如何抓住他嗎？

請想像一下，此時妳的身邊坐了一個長得像金城武的男生，他對妳投注了「我對妳很有興趣」的目光，妳會抓住這個千載難逢的機會，還是驚慌地逃跑？

曾經有一位年輕女生說，她在學生時代自認為是一個醜小鴨，走路的時候頭都低低的；至於戀愛，連想都沒想過。

可是有一天，班上最帥的男同學竟然主動找她約會！

她雖然被動地和這個男生展開了約會，可是，自卑的心裡始終認為這男生一定是因為剛失戀，需要找個人來填補內心的空虛、感情的空窗期，所以才會找上她。他一定不是真心喜歡自己的。

她這種自卑感和不安全感，成為兩人之間的不定時炸彈。在這段感情裡，她過得十分痛苦，因為不管男生怎麼對她好，她都過不了心裡的那一關——「他不是真心喜歡我」。

同樣地，由於她的「灰姑娘情結」，男生在這段戀情裡也是飽受折磨。

我覺得這個女生還算勇敢，至少她勇於嘗試地談了這場戀愛。

可是一定有女生會因為「還沒有準備好談戀愛」，而錯失了很多戀愛的機會呢！

「準備好談戀愛」，並不是要妳努力去聯誼、相親，認識更多的男生，而是問問自己：我準備好了嗎？

妳有沒有好好地打理自己的外表呢？

妳是否努力學習優雅談吐，讓說話也能吸引人？

妳了解自己在愛情中的期望是什麼嗎？

如果妳了解的話，就會在「對的人」出現身邊的時候，立刻察覺到他的存在。

為什麼完美的女人，她們的戀情卻以失敗收場？

我相信你身邊一定有這樣的朋友，她們美麗、自信、優雅、事業成功，就像上帝特別眷顧的天之驕女一樣受人矚目。

可是，若是翻開她們的感情履歷，大都是失敗收場。

為什麼這些條件好的女人不能擁有一段圓滿的戀情呢？

她們的理由不外乎，像是：「相愛容易相處難」、「我們個性不合」等等……個性不合，是許多戀人分手的原因。但你有沒有想過，如果遇到所謂一拍即合的戀人，戀愛就能談得更順利嗎？

有個朋友是兩性諮商師，她告訴過我一個案例：二十八歲的Teresa，美麗優雅，有天她認識了一位現代優質男 Steven。

Steven 擁有令人稱羨的專業和優渥收入，外表挺拔、斯文帥氣。這兩位條件相當的單身男女很快就互相吸引，展開約會。

由於工作性質的關係，Steven 在時間安排上比較彈性自主。相對地，身為高階經理人的 Teresa 生活就非常忙碌，每天總有開不完的會議、員工教育訓練和諮商輔導等著她，忙得不可開交。

Teresa 對於 Steven 每天定時的關心問候，一開始還覺得甜蜜愉快，然而，由於工作實在太忙了，有時難免沒接到 Steven 的電話或無法及時回電，這讓他十分不開心，甚至變得很敏感，懷疑美麗大方的 Teresa 是不是還有其他追求者，兩人也常為此而爭吵。

面對這個問題，也許兩性專家會告訴你，就兩個人坐下來好好談一談啊！溝通一下彼此的想法。

不過，如果你是身陷其中的當事人，真的有辦法冷靜下來，好好談一談嗎？你真的認為，談完之後，所有的猜忌疑惑就會「藥到病除」嗎？

每個人在戀愛的過程中，或多或少都會被愛情掌控欲（love control freak）所左右，只是表現方式和處理態度不同。

在愛情中，有些人生怕失去，在不安全感的心態作祟之下，導致他們很想掌控對方的一切。這是天生個性使然，是不容易改變的。也許在雙方有了信任基礎之後，這種情況才會逐漸緩和下來。

當兩人仍處於甜蜜的戀愛階段就感受到壓力，那麼，等將來關係更穩定或結婚了，這種現象勢必更加嚴重。

因此，Teresa 該檢視的，不是當下安撫 Steven 的猜忌之心，而是需要更進一步思考，兩人究竟適不適合在一起？

雙方都擁有完美條件的愛情，最後卻以失敗收場，甚至鬧得你死我活，有時候，只是因為我們沒有在適當的時間畫下停損線，把傷害降到最低。

談戀愛真的有這麼難嗎？

愛和被愛是我們與生俱來的渴望，可是，為什麼這世界上仍有這麼多人感到孤寂，無助而寂寞地尋找著愛情呢？儘管現代社會的單身男女越來越多，他們卻常常找不到伴侶，有些人不是不想談戀愛或結婚，是不敢，怕麻煩！也許，他們曾經經歷過幾次失敗戀情，於是告訴自己：單身一個人，至少不用忍受分離與失落的痛苦，可以無拘無束地來去自如。

「不是找不到戀愛的對象，是找不到合適的對象，來維持一段持久的關係。」這是另一群單身男女的心聲。

許多人認為自己不善交際，也不知道如何跨出一步主動去接近別人，所以雖然心裡嚮往擁有一場幸福的戀情，卻毫無行動。然而，愛情是需要實際行動支持的。如果你沒有先打開自己的心房接納別人，張開雙手擁抱別人，誰能走進你的世界呢？

你具備愛情特質嗎？

美麗、帥氣是一種「自我發光」的特質，能夠吸引異性注目的特質。另一種則是「與他人共同發光」的特質，就是能夠欣賞、體貼和包容他人的特質。

人們一開始吸引另一半，多數靠的是「自我發光」的特質，而相處之後，「與他人共同發光」的特質，就變得很重要。

愛情最浪漫的部分，應該是「與另一半共同發光」的特質。比如說兩個人都有內涵，但是也比不上兩個人的「心有靈犀」；即使一個人高大威猛、一個人身材曼妙，但也比不上兩人的「深情擁抱」。

很多時候，我們都會「以為自己在談戀愛」，但真的是這樣嗎？

我有很多女性朋友都具有讓異性對她們「一見鍾情」的特質。她們漂亮、有才華、很有質感，在舉手投足間也顯露了女性特有的柔美，因此男人見到她們總是競

相追求。同樣地，優質男也總是特別容易擄獲女人的芳心。

於是，許多人迷戀起對方的某些「特質」，看看能不能有從「普通朋友」升等成「情人」的機會。

很多「假情人」只為了戀愛而戀愛，他們找到了一個人，陪伴自己一陣子，只是因為怕孤獨，身邊需要「有個伴」而已，並不是真的在「談戀愛」。

而在真正的戀愛裡，我們常會形容一個人「為情傷風、為愛感冒」，那是因為我們喜歡的對方具有完整的「愛情特質」，那是一種不但自己持續發光，也能顧及另一半感受的特質。即使對方長得很美、很帥，或是很有才華、很有錢，那都只是他原本的特質，如果兩人勉強在一起當個「假情人」，不但不能「共同發光」，結果反而容易在感情中受到傷害。

根據一項由一〇一愛情學校所做的調查，二十五～四十四歲現代都會男女所嚮往並希望另一半擁有的愛情特質，前五名分別是：自信、溫柔（女）體貼（男）、浪漫、責任感及上進心。

你具有這些愛情特質嗎？

在生活周遭、職場中，或是參加一些聚會場合，我觀察到許多人具有這種很容易吸引別人的特質，不論男生女生，他們總是神采飛揚，在交談對話中處處顯露自信與優雅，並展現出溫柔體貼的一面，吸引著全場目光，而他們似乎也能感受到自己所散發出來的魅力，顯得更加自信愉悅！

要讓自己發光，擁有優秀條件的特質不是一件難事，但是，在這個強調個人品牌、處處標榜自我，凡事以自我為出發點的社會，對於需要「兩個人」才能完成的「愛情」，要怎麼協調和圓滿呢？

當我們持續為自己的人生加值的同時，別忘了常常回頭檢視，在累積「愛情特質」的過程中，是不是總少了「與他人共同發光」的特質？或許，你應該把自己的心放得更柔軟，練習一下與他人的心靈交流吧。

別讓公主病害了妳

妳常常覺得別人冒犯了妳嗎？

妳覺得每個人都該照著妳的遊戲規則來和妳相處嗎？

妳從不原諒別人無心的過錯嗎？

妳覺得別人疼妳、愛護妳，都是應該的嗎？

有「公主病」的女生，往往感受不到別人付出的真心、用心，因為她們認為這些都是理所當然的。她們體會不到什麼叫「感動」。

當一個人活得情感麻痺，無法對別人的用心用情感動，想想看，生命是有多麼荒蕪呢？久而久之，或許妳真的越來越像一個住在城堡裡的公主，越來越孤獨了。

想想看，什麼樣的人才會願意當「公主」的朋友？

第一個，有求於「公主」的人。他們因為想要得到妳給予他們的好處，所以寧

願忍受公主的壞脾氣。

第二個，只把「公主」當酒肉朋友的人，反正大家只是在一起尋開心，也不會忍受「公主」太久，所以不必計較太多。

我相信，每個人都希望自己身邊的朋友，是很真誠、願意發自內心關懷我們的朋友。

可是，「公主病」往往會把這些真心相待的朋友都嚇跑。

當妳對他人的態度使他感覺非常不舒服時，一般人往往都不能忍受；相反地只有那些不在乎妳、想利用妳的人會願意留在妳身邊。

這是妳希望的結果嗎？

如果這不是妳想要的愛情結局，那就趕快戒掉妳的「公主病」吧！

如果妳遲遲不願放棄以自我為中心的公主情結，很可能會錯過許多人生中美好的事物，以及那位等待著與妳真心相愛的王子喔。

愛情年齡vs.生理年齡

有一次，我與好友愛情老爹Daniel談到兩性議題時，他提到「愛情年齡」（the age of love）不等於「生理年齡」（the physical age）這個觀念。

一般年齡都是從生理計算，「愛情年齡」是從心理成熟度計算，以及愛情經驗值計算。

簡單說，「愛情年齡」就是一個人在愛情裡的經驗值和成熟度。

很多時候，我們在生活與工作中處處表現得專業與效率，朋友也喜歡和我們接近，是朋友們眼中甚受歡迎的人。

然而，一旦談起戀愛，我們卻變成情人眼中幼稚、控制欲強、蠻不講理、難以溝通的人，怎麼會差那麼多呢？

愛情老爹Daniel說，在他的事務所諮詢的對象中，大約有百分之七十的人在一段情感關係中普遍會有這種情況，尤其在交往一年半的時間裡特別容易發生，男人和女人的比例幾乎一樣。

在愛情中，我們一直在尋找一個「對的人」，期待那個「對的人」能帶給我們幸福快樂。

我們都希望和自己談戀愛的「對象」，是一個「對的人」。但什麼是「對的人」呢？是個性相仿、興趣相投，還是看對眼有感覺？

而在對方心中，你是不是也是一個「對的人」呢？

要讓自己成為「對的人」，我認為「自我尊重、有自信心」很重要。在戀愛的過程中，透過不斷的溝通、傾聽、學習，累積自己的「愛情年齡」。

或許你的愛情最終仍不免以分離收場，但是你所累積的「愛情年齡」，卻足以成為下一段感情的養分，幫助你在愛情裡成長茁壯。

女生可以主動追求嗎？

在日常生活或職場上，當我們遇見一個「有感覺」的人，有時候往往會分不清，這份「好感」究竟是喜歡、迷戀，還是愛情呢？

一位年輕的女孩說，她在一個社交場合裡遇見了一位男士。對方當場向她要了電話、ＭＳＮ和 e-mail，似乎對她很有興趣。

果不其然，那個週末，男士打電話來邀約她去參加一個 party。女孩心想，第一次受邀應該要表現得矜持一點，因此很快找了個藉口拒絕。

隔了兩週，這位男士又在ＭＳＮ上邀請女孩和他的朋友一起去看電影。女孩想了想，覺得自己又不認識對方的朋友，場面可能會很尷尬，所以又婉拒了。

幾天之後，男生第三次打電話邀請女孩週末與他共進晚餐。這一次，女孩終於答應了。

但是，她可不想讓這個男生感覺出自己對他很有好感，怕男生因此驕傲起來，就不再殷勤追求她。所以，她特意不打扮赴約，而且刻意遲到了十五分鐘。

那次的約會感覺不差，雙方互動良好，也對彼此有了更多的認識。當天，男生的穿著打扮、談吐和個性都大大的加分，使得女孩也對他感到傾心了。

後來他們又見了兩次面，同樣是吃飯聊天，互動不錯，女孩已開始等著男生向她表態，心想只要男生一開口，她就會答應和他固定交往。

但是，男生卻從此銷聲匿跡，沒有再打電話給她。像這種「追到一半就跑掉」的情況，還真是不少。於是，女生大嘆男生的誠意不夠、持續力不夠，多追兩天就累了。

遇到這種情況，我覺得女生們也可以想一想，下次遇到類似的追求，要如何才能把握住機會呢？

女生或許會說：「既然是他先喜歡我，想要追我，當然是他的責任啊！我們女生要被動才有身價，不是嗎？」

Baby，但他還沒有真正認識妳呀！他只是初步地想認識妳，並不了解妳有多麼值得喜歡。因此，妳是不是需要適度地把自己的「好」表現出來，讓對方知道，為他追求妳的動力再加一把勁呢？

雖然女生都需要維持一定程度的矜持，不過，那並不代表妳不可以釋出善意和熱情。

其實，男生在追求女生的時候，也是需要很大的勇氣。他們雖然嘴巴上說得很輕鬆，但對於追求的結果是成功或失敗，心中往往是忐忑不安。

面對男生的追求，妳可以表現得瀟灑一點，不需要太過嚴肅看待。

誰說女生在愛情面前一定要口是心非、欲擒故縱？更何況，妳已經成年了不是嗎？妳可以為自己做任何決定，獨當一面的面對愛情。

當對方提出邀約時，妳不妨抱持著「熱情擁抱世界」的心情參與，態度大方一點，打扮亮麗一點，盡情的釋放出妳的魅力！

女孩要矜持，但也要給別人和妳做朋友的機會，當妳這麼想的時候，妳的心裡就不會有那麼多猶豫不決了。

愛情中的理所當然

在談戀愛的時候，如果對方約會遲到，是不是讓你感到氣急敗壞？你心情不好的時候，他沒有第一時間看出來並且安慰你，或者，他把整個週末的時間都給了朋友，沒有和你一同出席朋友聚會，都讓你感到忿忿不平？

在愛情中，我們很容易在不知不覺中遷怒身邊最親近的人，總覺得：「你就是我最親密的人啊！你應該了解我的呀！你不是外人耶，你應該要多體諒我、站在我這邊，替我著想的！」

親愛的，這個世界上沒有誰是「應該」要為誰做什麼的。

換個角度來看，如果對方事事都順著你的心意去做，那麼你的感受是什麼呢？你會覺得感動快樂，還是理所當然呢？

我們對於伴侶都會有一種特別的期待，我們從這些絕無僅有的特殊待遇中，感到自己受重視、快樂、有安全感。

但是，我們並不是為了這些「特殊待遇」才愛上那個人的，對不對？

我們愛，就只是因為單純地愛著對方而已。

在一段愛戀關係穩定下來後，隨著相處的日子久了，情人們往往會開始認為：「我們是一家人，是family啊！你『應該』要知道我在想什麼，你『應該』如何如何……」

要知道，在一段夫妻或情侶的關係中，即使兩人再親密，仍然是各自獨立的「個體」。因此，請不要把夫妻或情侶之間的互動關係，解讀成像「家人」一樣。因為一旦你在心態上認為是家人關係，那麼就會自然地表現出一副理所當然的態度。

有一次，我在餐廳聽到鄰座一對情侶的對話。

女生對著男生劈頭就是一句：「你真的很賤耶！」讓我頓時覺得傻眼。

或許有些人會說：「就很習慣了呀！每天都看得到他（她），幹嘛沒事還要保持禮貌，不是太見外了嗎?!」再看看另一桌的夫妻檔，兩人安靜的用餐、卻各自講著手機，直到結帳離去，幾乎不發一語。

這個情況也讓我不禁感慨。情侶之間是藉由相互吸引、甜蜜相戀，進而發展為一段穩定的夫妻關係。

試想：當初如果沒有這份「甜蜜的愛」，又怎麼會決定結合、共組家庭呢？而現在結為夫妻了，反而不再甜蜜相隨、多情相伴，豈不是矛盾嗎?!

在這個標榜自我價值、強調個人的時代，許多人希望能在愛情或婚姻中保有更多的自我，因此，當一段感情進入到穩定期之後，彼此學習「尊重」與「獨立」是很重要的。

但是，戀愛中的情侶、婚姻裡的夫妻仍然必須維持同心、同調，就像跳探戈一樣：有時我進一步、有時你退一步，必須拿捏得恰到好處，否則，如果一方的腳步亂了，結果兩個人都摔跤，最後可是兩敗俱傷喔！

你們真的情投意合嗎？

一對陌生的男女在第一次見面之後，也許會有一種「來電」感覺，這是愛嗎？原本兩個互看彼此不順眼的男女日久生情，這是愛嗎？當你偶然間碰到一個異性，發現他也喜歡吃辣、喜歡聽R＆B音樂、喜歡看米蘭‧昆德拉的小說……他的興趣、偏好都和你一樣，你是不是會覺得：「哇！我們真的好合得來喔！」

許多情侶會說：「你知道嗎？我們竟然都愛聽同一首歌、愛看同一部電影。」等到下次換了另一個對象，他們還是說著相同的話。其實，這種「愛的感覺」有時只是一種表相，你喜歡的是兩人的共同興趣、偏好，甚至只是「慾望」接近而已，並不代表你們真的喜歡對方、真的適合在一起。在你認定對方是你的真命天子、天女前，不妨從十個面向考量你們是否「情投意合」，相信對未來的戀情發展會更有幫助。

1.生理上：對方的外表、體態、穿著品味。

2.心理上：情感表達的能力、個性、脾氣，是否有同理心。
3.社會關係：人格特質、人際關係、品格道德。
4.聰明才智：教育背景、學習態度、文化概念，對各項事情的 sense。
5.性態度：性觀念、對性與愛的認知態度。
6.溝通方式：溝通的技巧與表達態度、情緒管理。
7.事業能力、財務觀念：對「成功」的觀念、對金錢的使用態度與習慣。
8.個人的成長經驗：對自我人生的信念和認定的價值。
9.價值觀：人生哲學、道德觀、生活信仰與生命理念。
10.嗜好和興趣：喜好的事物、興趣。

在愛情裡，總是充滿意外與驚喜，這十個考量的標準，只是提醒你要更深入地了解彼此，以減少在日後愛情裡的遺憾。兩個人是否真的情投意合，其實還是要靠長久相處才會知道。當你剛開始投入一段戀情時，先別急著過度放大兩人之間的契合度，你應該用「心」去了解對方的想法、為人，當你從兩人的互動相處之中，真真實實地感受了、感動了，那才是真正的情投意合。

妳可以決定愛情的開始

幾個月前，有一位年輕的女孩告訴我，她的愛情幻滅了！她很傷心地問我：「我該怎麼辦才好？」

女孩告訴我，她和同一個辦公室的男同事，每天見面，彼此都有很好的印象。就在某一天，男同事終於鼓起勇氣邀請她一道吃晚餐，無巧不巧地，就在同一間餐廳裡被其他同事撞見了！從此同事們常以開他們玩笑為樂，漸漸地，男同事就不再和她往來了。

女孩告訴我，她很喜歡這個男同事，也希望能好好的和他走下去，而如今看來是不可能了！男生從此不僅對她表現出很禮貌、客氣的樣子，也不再單獨和她出去，讓她嚐到了失戀的苦澀滋味。

我笑了笑，告訴女孩說：「這真的是愛情嗎？如果這是愛情，當愛情來的時候，妳的心裡會有一種悸動，促使你不顧一切、勇敢地去找他，向他表達妳的感受，因為妳要的一份真真實實的愛情，而不只是一種『喜歡』的感覺。」

如果這是屬於你的愛情，就要主動積極地去經營維繫它，讓剛萌芽的愛情種子持續生長，有一天結出果實纍纍的愛情樹。

「過分的在意，是造成容易受傷的理由。」我告訴女孩。

在感情上，我們常常害怕受到傷害，也因此，在付出感情的時候不免會膽怯。幾乎所有付出感情的人都會經歷這些情緒轉折過程，否則，那些相識的悸動、相知的甜蜜和相愛的快樂，又從何而來呢？那種打從心底的喜悅，會讓你感到飄飄然、心情愉悅，就連早晨起床刷牙漱口的聲音都充滿了愛情魔力！

Baby，你期待這樣的生活嗎？

幸福的發牌權掌握在自己的手上。感情的事只求盡心，是你的就是你的，千萬不要因為過度患得患失，缺乏勇氣，而輕易地向愛情 say no。

愛情不能一個人獨立完成

人生不如意事十常八九，愛情自然也是。當兩人世界中發生了不如預期的事情時，我們該如何面對？用什麼樣的心情和態度來面對？這是在愛情中，我們必須不斷學習的課題。

愛情是不可能一個人獨立完成的，所以想要有一段一百分的愛情，雙方都要付出五十分，如果自己做不到那五十分，又如何去期待對方會努力付出另外的五十分呢？

而且，換個角度來看，如果我們已經努力做到了五十分，而對方卻不願意付出五十分，那麼，一百分的愛情也一樣不會發生。

愛情必須是兩個相愛的人，同時為對方真心付出所建立的對等關係，否則就只是單戀、迷戀，那不是真正的愛情喔！

妳想要什麼樣的愛情，那就先將自己裁剪成那樣的 Loving Style，在愛情中，「做自己」非常重要。請妳想想，當初對方會喜歡或是注意到妳，不就是因為原來的妳吸引了他嗎？這就是「first eye catch」。

如果在交往的過程當中，我們沒有辦法做自己，那不只會讓自己覺得辛苦，就連對方也找不到當初喜歡妳的原因了。

如果在喜歡的對象面前，無法真正的做自己，在長期的委屈跟遷就對方之下，兩人的相處必定不快樂，不快樂的相處又怎會成就長長久久的愛情呢？

你必須很誠實的對自己說：「這個對象是不適合我的！」

愛情絕不是單方面的渴望就可以滿足的，在互動的過程中，要彼此互相體諒、溝通。兩人對於愛情有一致性的想法，站在平等的位置，這樣才能走得更長久。

照顧好情人的「情」

在現實生活當中，是不是總有一些時候，妳渴望有個人陪伴在身邊？心情沮喪的時候，妳很希望能夠聽到有人說兩句安慰鼓勵的話語，而不是：「妳應該如何如何」、「妳怎麼又這樣了呢？」

當妳憤怒的時候，妳希望有人可以安慰地說：「親愛的，我能理解妳現在的心情，我知道妳為什麼這麼生氣了。」而不是理智的對妳說：「其實妳自己也有錯。」

有時出於關心，你可能心直口快地說出一、兩句責怪的話，那些話就像千斤巨石般重重打在對方已經很脆弱的心上，比原來的煩惱和壓力更令她感到難受。

此時，原本急需要一個肩膀依靠的她會感覺更無助，「我以為你會懂我的感受，但連你也不支持我。」「是不是我不夠好？所以你要我改變？為什麼連你也覺得我不好？」

總在某個特定的季節、特別的日子，我們很希望身邊有個可以陪伴的人。當我們面臨工作壓力、心情不好的時候，甚至天氣陰冷的時候，如果能握著心愛的人溫暖的手，那麼便好像沒有什麼事情可以難倒我們～愛情的確是人際關係中一股奇妙的力量！

但是，請你記得：我們的感覺需要被疼惜，這也是我們對愛情的期待。

在愛情中，照顧好情人的「情」是非常重要的功課。

當對方不如意的時候，請第一時間給他支持的力量，其餘的暫且無須多說。

愛情不是一場show

曾經有一首膾炙人口的歌曲，叫做〈最浪漫的事〉。歌詞裡寫到：「我能想到最浪漫的事，就是和你一起慢慢變老。」

在你心目中，最浪漫的事是什麼呢？是在傾盆大雨下激情的告白嗎？是在沙灘上追逐的浪漫嗎？還是，兩人一起窩在客廳裡吃爆米花、看電視劇？或因為窗外一個打雷而緊緊抱住對方？

我覺得最浪漫的事情，就是在沮喪的時候，另一半能夠察覺到我的心情，並且體貼地對我說：「沒事的，Baby，一切都會沒事。」

在我心中，愛情裡的浪漫，是兩人之間不言可喻的默契。

或許鮮花與燭光晚餐，能夠為兩人的關係加上美好的氛圍，可是一旦兩人在一起一段時間之後，如果還是只維持在「精心設計的約會場景」，加上「不同版本、相同內容的甜言蜜語」階段，而沒有更進一步的心靈交流，漸漸地，這樣的關係也會令人感到疲憊。

有些人「戀愛中的快樂」總是維持得很短暫，很快就開始大呼「沒感覺」了。於是他們很快地提出分手，不久又換了新的伴侶。

即使他們閉上眼睛，都知道下一段感情接下來會發生什麼事情，但是他們已經習慣一定要有個人在身邊，談戀愛是不可或缺的生活要素。

對他們來說，戀愛就像一場五光十色、可以帶來感官刺激的 show。

即使愛情是一場 show，如果你的靈魂沒有出席，要如何從中獲得喜悅和感動呢？

你如何期待，那些只是換了不同主角、情節相同的 show，會有更精采動人的演出呢？

親愛的，愛情不是一場 show，它應該是深深撞擊著我們的心房的美妙樂章，為我們人生帶來璀璨光芒的美麗煙火，而那份發自內心的感動，也許別的觀眾看不到，但在妳內心深處，卻是真真實實的上演著。

無條件的愛他

梁靜茹有一首熱門點播曲，歌名是〈無條件為你〉。這首歌引起了許多女人的共鳴，午夜夢迴時，她們想起自己為心愛的他付出了那麼多，到最後卻得到什麼呢？一場背叛、折磨、提不起也放不下……

最後，她們恨恨地說：「我的人生被他毀了！」

Hey! Baby, stop! 千萬不要被腦海中的那些負面記憶給打敗了。

也許妳會說：「我為他做了好多事情，為他打理生活上的一切、協助他工作上的發展、傾聽他的煩憂、陪伴在他的身邊，為了他，我甚至改變了自己……」

但是，妳有沒有想過，在付出的當下，妳真的是無條件的付出嗎？

對於妳的付出，他可能因此覺得感動，而更加地重視妳；他可能放在心裡，沒有表現出特別熱情；他或許還覺得妳做得不夠好、甚至對妳的付出行徑有點感到煩了；或許最後他還是選擇了另一個人……

不管如何，妳總是會希望對方多愛自己一點、多表達一點感動吧？至少，妳會希望將來有一天，對方面臨感情上的抉擇時，會覺得還是妳比較好。

所以，妳真的是無條件的愛他嗎？

親愛的，我不是在質疑妳的真心，我只是希望妳能了解自己內心真正的想法，不要輕忽自己在愛情裡最真實的感受。因為感覺委屈的愛情，是不會快樂，也不會長久的。

「無條件的付出」是我們對自己的期許，但我們都是平凡人，必然有些小小的私心，即使再愛一個人也是如此，這就像是在心裡盤算著「當我多給了一百分，對方至少也多給我十分吧！」

當妳開始算計著「愛情投資報酬率」時，妳就開始感到不快樂了。

用不快樂的心情面對一段感情，這樣的愛情能有多快樂？

下一次，當妳為了愛情而奔波忙碌的時候，何不暫時停下腳步，問問自己：「我真的是無條件付出嗎？如此付出的我，快樂嗎？」

當初他愛的那個妳，還在嗎？

前陣子，一個年輕的女孩跑來向我訴苦，她說自己為了男友犧牲了工作、放棄了興趣、收斂了個性、疏離了好朋友，她的生活都是圍著他打轉，甚至很久沒有買衣服，好好地打扮自己了……言語之中似乎充滿了委屈。

「妳真的愛他嗎？」我反問她。

她很肯定地點頭。

「那麼，Baby，我能不能請妳再為他做一件事情，那就是：把當初他愛的那個妳，還給他好嗎？」

許多現代男女畏懼婚姻，即便在兩人相愛的階段，也極力要保有自我，他們主張：「我愛你，但我更愛我自己。」「我是真的喜歡你，可是我也不想失去我自己！」

其實，「愛情」與「自我」是沒有衝突的。相反地，我覺得「愛情」和「自我」，是站在同一陣線上。

想想看，當初對方會喜歡妳，不就是因為原來的妳吸引他嗎？雖然那時你們還沒有展開交往，但妳就是以自己最原始的模樣出現在他的眼前，讓他開始注意到妳，不是嗎？

如果在交往的過程當中，妳沒有辦法做自己，妳開始委屈自己、改變自己，努力去遷就他，在愛情中不斷的妥協，那麼，不只妳自己覺得很痛苦，就連對方都會找不到當初喜歡妳的理由了！

在愛情裡，妳的委屈不會是他的快樂。妳的快樂、自在，比為他做一百件事情還要有意義。

下一次，當妳感覺到在愛情中受委屈的時候，先別急著埋怨：「我為他做了那麼多，也改變了自己，還是不快樂。」

此時，妳不妨換個方式問自己：當初他愛的那個我，還在嗎？

CHAPTER2
好的愛情從自己出發

點燃戀愛的熱情

有些女生常常抱怨說：「朋友總是介紹一些很悶的男生給我。」如果是這樣的話，想必妳在別人的印象裡，應該是個文靜、不愛玩的女生，所以別人才會介紹老實型的男生給妳。

如果妳希望認識個性活潑外向一點的男生，那妳也要把自己活潑的形象留在別人的腦海中才行。

我常說，愛情對待我們每個人的方式，取決於我們對於愛情的態度。你抱持著怎樣的心態談戀愛，投射回來的就會是怎樣的戀愛狀態。

倘若妳對愛情抱持著開放的心胸，樂觀積極面對，依照「愛情吸引力法則」，就會有同樣的投射（reflection），談一場快樂的戀愛；反之，妳總是抱持著懷疑的態度看待愛情，認為男人都是不可靠、不能輕易相信的臭男人，甚至覺得男人就是「不忠」的代名詞，那又怎麼可能遇到好的戀情、得到好的回應與對待？

有句話說：「愛情可遇不可求」，但我認為：「愛情可遇也可求。」

你是用什麼樣的心態面對愛情呢？

有個朋友說，她對愛情一直有所期待，也參加過很多次聯誼，可是，就是沒有異性主動來追求她。

當我好奇地詢問那些聯誼實況時，她說感覺很差，就像國王在選妃子一樣。男生看見漂亮的女生立刻一擁而上，外表不夠漂亮的女生，只能尷尬地在一旁坐冷板凳。

接著我問她聯誼中有沒有交到男性或女性普通朋友。

她搖搖頭：「大家都忙著配對，誰要和妳交朋友呢？」

「這些人之中，有妳欣賞的人嗎？」我再問。

「沒有，我不記得了，也沒有和誰聯絡。」她說。

讓我們想像一下，如果這是一個招商場合，出席的人都是頂尖業務員，妳覺得他們會讓自己白跑這一趟，空手而歸嗎？就算沒有拉到業務，至少他們一定會交換許多名片，打好關係吧。

如果妳真的很想談戀愛，那麼如業務人員一般積極的心態，是一定要有的。我們的出擊不可能百發百中，也可能百發不中，但是，至少每一次都要更接近紅心一點。

當你認識的人多了，對你有好感的人多了，即使愛情緣分還沒有到來，可是他們會記住你美好的特質，有一天發現適合你的人，相信他們也會樂於介紹給你。

除了保持對他人友善熱情的態度之外，我真的很想激勵所有單身的女性，面對愛情的機會來臨時，妳要多一點熱情，少一點猶豫。

不要用「女性的矜持」綁住自己的手腳，男生打電話來，妳因為害羞而故意反應冷淡；男生約吃飯，妳因為不敢一對一，所以硬是拉了一群朋友作伴；男生向妳要MSN，妳考慮再三還是婉轉拒絕……

Baby，請想想，妳已經成年了不是嗎？相信妳可以自己應付許多工作和生活上的難題。

今天，如果老闆要求妳去搶下一個不可能的訂單，妳一定是全力以赴，那麼，妳為何不把這份積極的態度，拿來爭取自己獨一無二的愛情呢？

我當然不是要妳抓著一個男生窮追猛打，而是希望妳能給對方一個機會，把自己最好的一面展現出來，但不是直接就答應和對方在一起。

當男生對妳產生好感、想約妳出去的時候，妳可以大方地和他出去吃頓晚餐，不需要猶豫太多。

當男生隱諱地表現出他對妳的愛慕之情時，妳也可以表明自己對他的欣賞。男生也是一樣的，對女生好一點、大方地邀約女生出遊，不必想太多。

在成為男、女朋友之前，先做朋友很正常，總不可能在今天之前，你們對彼此毫無了解，卻在一句「讓我們在一起吧」後，就直接切換到愛情模式吧。

現代人普遍都缺乏熱情，顯得冷漠、自我意識甚高，並且對他人多所防備。愛情強調的是兩人之間的溫柔與親密互動，因此，千萬不能「宅」，包括你的思維、心態和行動。

對心愛的人，我們不能凡事以自我為中心思考，不能老想著：

「我」如果打電話給他，是不是表現得太主動了？

「我」如果打扮得太漂亮去赴約，會不會看起來很蠢？

「我」如果故意幾天不接他的電話，會不會更激勵他對我表態？

「我」如果太順了他的意，會不會讓他變得不在乎我？

親愛的，這個世界上很多事情我們都可以獨自完成，包括求學、工作、生活和交友，但唯獨愛情這件事是需要兩個人一起來完成。

所以，對於心愛的另一半，你是不是更應該把他捧在手裡、帶在心上，時刻放在腦海裡呢？

面對愛情，你要忠於自己、相信自己，也要多一點熱情，少一點猶豫。

當女人變得更喜歡自己之後

很多女生都不喜歡自己，而且可以說出來很多不喜歡自己的理由，像是：腿太粗、太胖、鼻子不夠高、眼睛不夠大、不夠美麗、時尚……所以她們喜歡偶像明星，喜歡蔡依林，就是不喜歡自己。

如果有一天，遇見了一位很棒的追求者。他長得高大帥氣又聰明，是許多女生心目中典型的白馬王子。結果，不喜歡自己的女生會覺得：「這男生一定別有目的，否則他怎麼會喜歡像我這樣平凡的女生呢？」

即使兩人開始約會了，女生會想：「他應該不會和我約會太久，很快就會去追求另一個更好的女生。」

最後，兩人也持續交往了一年，女生還是想：「他也許只是表面上和我在一起，實際上已經對其他美麗的女生動心了。」

當男生對她不夠好的時候，她就覺得：「看吧！事實上他就是沒有那麼喜歡我。」

當男生對她好的時候，她就想，也許他別有用心。

她不只是對男友不放心，可能對於女生朋友也有偏見。

她常常覺得，身邊的朋友不是想要利用她，就是有意無意地在諷刺她的外表身材。

總之，她非常地不快樂。

妳看得出來，這個女生在愛情和友誼當中感到不快樂的原因是什麼了嗎？

就是她不喜歡自己，她覺得自己很糟糕，所以不相信別人會真心喜歡她、對她好。

她時常生氣，是因為沒有感受到別人給她的善意，甚至把別人的善意扭曲成敵意了。

最後，那些喜歡她的人都心灰意冷地離去，而留在身邊的，真的都是那些不喜歡她的人。

對於那些在愛情中自認為醜小鴨的女孩，我有很多話想對她們說。

首先，妳要知道，全世界對妳最重要的人就是妳自己。除了妳之外的任何人要如何對待妳，全都決定於妳如何看待自己。

如果妳覺得自己是個很平凡、不夠優的女人，那麼別人也會覺得妳不夠特別；如果妳認定自己是弱者，那麼別人都會想來欺負妳；如果妳認定了自己是個黃臉婆，那麼別懷疑，妳身邊的男人也不會當妳是一個尤物。

這是妳希望的結果嗎？如果不是，為何不試著做些改變？

但是如何改變才好呢？以下提供幾個建議給大家：

・不要用十全十美的標準去貶低自己。因為沒有人是十全十美的。

・把妳自己的優點找出來。沒有人是一無是處的。

・學習改變一個妳最討厭自己的特質，這個特質也是其他人不會喜歡的，例如太過老氣的裝扮、老是板著一張臉。

・常常幫助別人。這點很重要，在幫助別人的過程中，妳會得到快樂，覺得自己很棒。

・常常露出笑容。如此一來，妳會發現別人也會有善意的回應。

・找到屬於自己的定位。如果妳不是一個辣妹，就不要站在辣妹群當中，讓自己獨樹一格，顯得很彆扭。

當女人開始喜歡自己之後，她所看見的世界，以及世界對待她的方式，都將有所不同，也更有機會遇見愛情，談一場美好的戀愛。

你具備愛情的能力嗎？

在多數人既有的觀念裡，愛情被視為長大成人之後，就自然而然學會的東西。因此，從來沒有人教我們：「要如何談戀愛？」

隨著人際關係越多元化，兩性之間的距離似乎也愈遙遠。許多報名兩性諮商課程的男男女女，普遍擁有不錯的工作和良好的人際關係，但在愛情試卷上卻交不出令自己滿意的成績單，是為什麼呢？

這個社會上層出不窮的愛情悲劇、愛情暴力、愛情委屈……往往也都是沒有具備「愛情的能力」的結果。

事實上，愛情是一項可以學習也必須學習的能力。我們不單單只從社會學、心理學角度剖析愛情，更應該積極地從行銷學的角度，來經營和管理我們的愛情。

當你擁有「愛情的能力」之後，面對一些兩性相處上的難題，就會有不同的態度。

很多人在愛情關係裡常表現得不成熟，以為用強烈嫉妒就能掌握另一半，或者認為如果他愛我，就應該怎麼做……

但如果有了愛情的能力之後，你會學習感恩，把內心的感謝向對方表達出來，讓你們之間的關係更和諧。

對於感情伴侶的認識、「愛情的能力」培養，一般人的認知普遍不足。從台大開設的「愛情社會學」課程深受同學們的歡迎，報名人數堂堂爆滿，這個現象可見一斑！

再來看一個朋友分享的案例。

Susan 和 Brad 都是職場上獨當一面的菁英分子。他們在工作上的專業表現可圈可點，是老闆的得力助手。

當他們剛開始認識交往的時候，彼此給對方的感覺也近乎完美無缺：Susan 眼中的 Brad，是個談吐不俗的優質男；而 Brad 眼中的 Susan，也是才貌兼具的發光體。

交往三個月後，兩人迅速進入同居狀態。但是接下來，不愉快的事接二連三發生……

Brad 開始覺得 Susan 的舉止太邋遢，每天回到家就把外套往沙發上一丟，而且洗完澡從不把打濕的浴室地板擦乾，令他難以忍受。

Susan 認為 Brad 是個無可救藥的偏執狂，就算看到地上掉了一根頭髮，也會歇斯底里。

兩人都覺得對方有病，不知道當初為什麼會在一起。不久，Susan 就搬離了 Brad 的住處。此後，每當她和朋友談起這段戀情時，總是充滿了埋怨。

在感情世界裡，我們常不自覺將「工作我」帶進「感情我」，總會自然而然地用工作上的標準、價值判斷來對待我們心愛的伴侶，習慣地用「頭腦」來計量處理事情，而忽略了在經營愛情時，應該多用「心」去體會對方的感受，在一次一次的相處中，培養自己的愛情能力。

我相信 Brad 和 Susan 都是非常優秀的人，只是少了ＬＱ（Love Quotient）。

如果 Brad 能試著去理解 Susan 隨意丟外套的習慣，正是因為她呼應著她天真、不拘小節的可愛；如果 Susan 能體諒 Brad 完美主義的心理，正是造就他事業成功的條件。這就是一種愛情的能力。

如果 Brad 能換個角度去欣賞 Susan 大剌剌的個性，Susan 能欣賞 Brad 有一絲不苟的優點，這也是一種愛情的能力。

你不妨回想一下，在剛認識她（他）時，是不是總將自己最好的一面呈現在對方面前？那時的你，處處表現得親切有禮、善解人意，不吝惜付出關心體貼，希望能在對方心目中留下好的感覺、好的印象。

從愛情行銷學的角度來看，我們每個人都是待價而沽的商品，也會遇到競爭的對手，稱之為「情敵」。

當商品同質性越來越高時，你要如何勝出？

想要在愛情的市場中勝出，不是依賴本身既有的條件，而是「和你在一起的感覺最好」這種魔力。

品牌條件是標準化的，而魔力是客製化的，它需要愛情能力的加持。

別急著在磨合期說拜拜

在某個演講的場合，有一位可愛的女生跑來對我說，她才萌芽三個月的愛情消失了，因為男生已經開始對她感到厭倦。為什麼這麼說呢？

因為男生已經兩個週末都沒有找她約會了，理由都是「我在加班」。女生忿忿不平地說：「而且，最近他打睡前電話給我，五分鐘之內就說他想要睡覺了。妳知道嗎？Rosita，以前他在電話裡，至少都會陪我說話到我睡著為止。」以前男生每天風雨無阻的開車接送她下班回家，現在卻只會在她下班到家之後，打電話問她到家了沒，讓她感覺很失落。另一個男生則抱怨說，他和女朋友在一起三個月之後，才發現：「原來她是這種人?!」

原來，女生很愛吃醋，每天至少打五通電話去公司「查勤」，讓他覺得很困擾。

我很樂觀地認為，這些問題的發生，只是因為兩人進入了愛情的磨合期，開始走進彼此的真實世界，並不是因為愛情突然之間消失了。

在一開始談戀愛的時候，我們往往十分在意對方的看法，總是想把自己最完美、最棒的一面呈現在對方面前。因此，在戀愛一開始的「觸電期」，相愛真的很容易。這個時候，光靠異性相吸的「費洛蒙」催化，就足以墜入愛河。此時，你們沉浸在這份甜甜的愛戀滋味裡，表現得有禮貌、含蓄、充滿了新鮮感。

你看不見、也不會在意對方的缺點，或他跟你不一樣的生活習慣、價值觀和處事方法等。眼前的他（她），是如此可愛又善解人意，但那畢竟是充滿美化想像催化的印象。

當兩人進入磨合期，這時「真實面」就顯現出來了！你們開始有許多自我意識和主張跑出來。這個時候你們顯現的，是內在的自己。

在雙方都恢復原來的面貌同時，也是檢視感情的最佳時刻。

也許有人會像是忽然從「費洛蒙的氛圍」中清醒過來，發現對方根本不是自己「想像中」的那個人，懷疑自己當時根本是半夢半醒，才會和他在一起。

我一直覺得，在愛情中，沒有誰對誰錯，只有適不適合的問題。每個人的生長背景與成長經驗不同，所以價值觀、行為模式自然也都不同，會有自己的「感情經驗」和「生活歷練」。

在一開始談戀愛，一般人都可以用比較輕鬆的態度去欣賞、崇拜對方的優點。可是，相處久了，對於彼此的差異性，所擁有的容忍度也就大為降低了。

在「觸電期」，你們不是沒看見對方的真實一面，往往只是沒有認真看待。而「磨合期」，正是決定你們適合不適合走下去的關鍵時期。

如果你希望這段感情繼續下去，要如何面對「清醒的自己」和「真實的對方」呢？靠的就是溝通、了解和包容，這些都是足以支持愛情不可或缺的力量。

很多人遇到「磨合期」中的衝突障礙，就認為是感情轉淡的徵兆，因此草率地結束了這段戀情。結果他們發現，即便後來換了好幾位男女朋友，也逃脫不了三個月說拜拜的命運。

因此，他們的戀愛談得辛苦，卻從來沒有真實地享受到「心靈相通」的美妙時刻。

他們在愛情裡走馬看花，兜兜轉轉之後又匆匆地離開，這就如同走進了熱鬧的遊樂園，卻只是拿著可樂亂逛一通，沒有真實地去嘗試搭乘雲霄飛車的痛快，真的很可惜呢！

雖然在這「磨合期」中，你們可能會遇到一些麻煩、一些看似無法跨越的關卡，可是，如果你能鼓起勇氣，匍匐向前，換來的將是一段深刻動人的愛情。

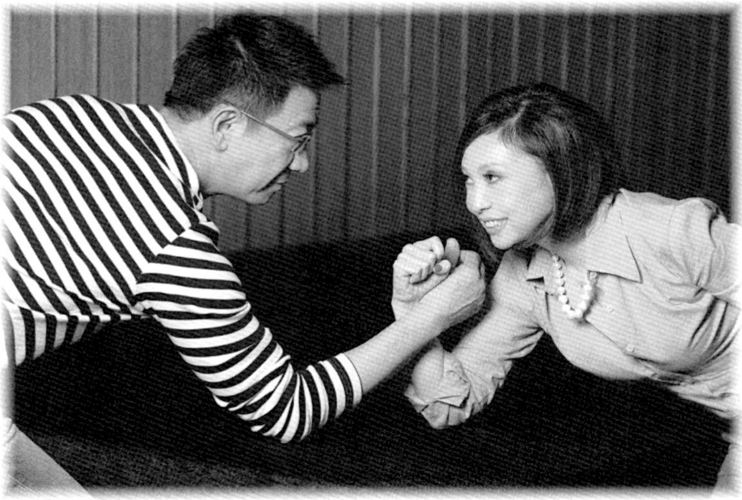

用「心」找回妳的安全感

很多女生一旦談了戀愛，開始患得患失，反而變得不快樂了。

在愛情中，女生特別容易缺乏安全感，如果男友接了陌生女人的電話、老是加班、晚回家……常會令她們感到不悅。倒不是男人做得太過火，而是她們在她們的內心深處缺乏安全感。

有些女人特別沒有安全感，她認為如果自己不取悅所有人，那麼所有人都不會好好對待她。如果她不緊盯著情人的行蹤，他很可能就會被其他女人搶走。

其實，這些不安全感，都是她們覺得自己不值得被愛的心理作祟。

她們覺得自己不如某人美麗、不如某人溫柔、不如某人體貼……說得明白一點，她們認為自己如果是異性，也不會真心喜歡自己的。

很多人都知道這樣很不好，也知道應該要好好愛自己，可是，卻不知從何做起。

Baby，每件事情都可以透過學習和練習達成的，所以不需要太驚慌。除了努力找尋自己的優點，試著讓自己變成一個「自己喜歡」的人之外，還有一些方法值得學習。

首先，改變一下作法。

或許長久以來，妳已經習慣用奪命連環 call 的方式，去追查另一半的行蹤。但是，我建議妳開始停止做這件事情，至少維持一個月。一個月之後，妳可以看看，你們之間的感情會變得更差，還是更好？

再來，改變妳的言詞。

每當我們感覺不安全的時候，往往會失控說出來的話就是：「你根本不在乎我的感覺！」「你是不是比較重視別人？」「我不准你再和她見面。」「如果你再這樣的話，我就和你分手。」

請妳不妨給自己一個月的時間，把這些習慣說的話統統收回口袋裡，改用一種關心體貼的語氣，來描述妳的感受，例如：「你不接電話讓我很緊張。」「其實我很想和你一起去。」「我真的很希望，在那個時間，你是陪在我身邊的。」

其實許多不好的結果，有百分之九十九都是我們自己想像出來的。當事情真的發生時，根本沒有我們想像中的那麼糟糕。

所以，請妳試著回想一下，對於很多事情，妳是不是反應過頭了，結果造成兩個人都不開心呢？

Baby，我相信妳的戀愛初衷並不是那麼現實，妳想要的只是他更愛妳的表現，是吧？但妳有沒有用「心」去看，他用「心」愛妳的那個部分呢？當妳看不到的時候，妳就會開始沒有安全感，而陷入現實的算計當中，困擾著彼此。

妳的情人或許可以為妳解決很多事情，包括工作、生活上的各種難題，但沒有安全感這個問題，除了妳自己之外，是沒有其他人可以幫助妳的。

下一次當不安全感來襲之前，妳不妨試著先深呼吸一下，告訴自己不要被負面的情緒所影響。

Baby，談戀愛要快樂，因為真實的愛情如此難得。

愛情裡沒有算計

你的心裡是否也有一座天秤，衡量著誰愛誰比較多呢？這個天秤應該不曾真正平衡過吧？愛情是一種 feel。我一直覺得，在戀愛的過程中，只要自己開心、對方也覺得開心，那就是一段很棒的戀情。

想想看，人生這麼短暫，不開心的事情這麼多，如果能遇到一個和你相知相惜的人，一起度過一段快樂的時光，是多麼難能可貴的事情呢！

在感情的互動中，總有人付出比較多、有人付出比較少。我要說，Baby，那都是正常的。因為沒有人可以管得了自己在愛情中究竟要付出多少。因為在愛情裡，你只想做一件事情：讓你的情人因為有你，而過得更好；你也希望因為對方，而過得更快樂。

我們誰也不知道，在抵達幸福彼岸之前，需要付出多少代價。但總因為有著那個夢想，就點亮了我們每一天的生活。

對某些女生而言，只要另一半定時繳回家用，她就覺得對方有付出；只要對方有空的時候打個電話給她，她就覺得滿足；只要在天災發生的時候，他能陪在自己身邊，她就感受到這段感情有價值。

對某些男生而言，只要女生對他多笑一笑，他就開心了。只要女生在事業上能為他加分，他就覺得被愛。又對某些男生而言，只要女生在床笫之間滿足了他，他就感覺幸福。相反地，有些男生不喜歡女生過問他的工作太多；有些女生不喜歡男生像個蒼蠅般，如影隨形地跟著她。

當你的付出不是對方所需要的時候，這段感情就很難成立了。因此，如果一段感情可以持續走下去，那就表示雙方的付出，正好都有符合對方的需求。

愛情就和親情、友情一樣，大家不可能坐下來談判，說：「你給我十分，我就給你十分；如果你只給我九分，我就只願意給你八分。」

有時候，愛情裡的付出只在細微的感動之間，看起來很輕，其實很重。

倘若妳幫另一半做了很多事情，照顧他的生活大小事，按時接送她上下班，送給他很多的禮物……而卻沒有得到相對的回報，你會覺得對方毫無付出，感到自己吃了虧嗎？那是交易，不是愛情啊！

愛情裡是沒有算計的。當你身處在愛情之中，付出的時候有多麼快樂滿足，那種感覺只有你知道，無關乎吃虧或佔便宜。有時候在愛情結束之後，我們會抱怨自己付出比較多，只是因為失落感需要補償而已。

愛情裡真的沒有什麼好算計的，你只要在付出的時候，問問自己：我這樣做，快樂嗎？

該是改變的時候了

親愛的，現在的妳過得好嗎？

妳喜歡自己嗎？

我聽見許多女性朋友、聽眾朋友說：「我不喜歡我自己，因為我的工作很枯燥乏味，我的生活很孤單，我沒有特別的興趣……我每個週末都在等著朋友安排好節目找我一起參加，如果沒有，我就只好回家看電視。」

有人說：「我不喜歡我自己，因為我長得不漂亮，所以找不到對象。」

也有人說：「我不喜歡我自己，因為我每一次戀愛都談得很辛苦，我希望下次談戀愛時也能像別的女生一樣，輕輕鬆鬆就讓男人對我死心塌地。」

很久以前，我也不喜歡我自己，因為失敗的感情造成的挫折，使得我無止盡地否定自己。

直到有一天，我對自己感到憤怒，告訴自己：「該是改變的時候了！」於是，我開始鼓起勇氣去改變自己的生活和看事情的角度。

現在，很多人都對我說：「Rosita，妳真的是一個可愛的女人。」現在的我，的確很喜歡自己。

如果妳現在不喜歡妳自己，到了每天都想逃避生活的程度，甚至想憤怒地大叫：「夠了！為什麼我要過這樣的生活？做這樣的自己？我不想再忍受任何不開心的事情了！」

親愛的，如果妳有這種衝動，那就去改變吧！現在開始，立刻去改變。

妳要做的改變，不是把原本看不順眼的人統統趕走，或是離開討厭的工作崗位。

如果這樣做，妳只是帶著「不順眼」和「討厭」這兩種情緒，離開某些人和工作，再去認識一些新的人、新的工作，繼續把「不順眼」和「討厭」的標籤貼在他們身上而已。

妳要做的事很簡單，首先，就是把「不順眼」和「討厭」的原因找出來。

然後，妳看看這世界如此精采地運轉著，難道妳不想興致勃勃地去參與嗎？既然如此，就別再猶豫了！就算抱持著一點好奇心去嘗試也好，去體會一下這個花花世界可能帶給妳的美好感受會是什麼？

接著，從身體的改變開始吧。

妳不一定要擁有明星一般的纖瘦身材，但妳一定可以做到把自己的身材優點呈現出來。

有些女人的皮膚特別好、鎖骨特別美、屁股特別翹……仔細找找，每個女人一定都可以從自己的身上找到一項優點。

如果妳覺得自己的身材太胖，妳也可以選擇用健康的方式來瘦身減重，如果這麼做能令妳更喜歡自己的話。

然後，閱讀大量的時尚雜誌，了解現在的流行趨勢是什麼。

妳不一定要把雜誌上介紹的當季服裝配件全都買齊了，穿戴在身上，但是妳可以訓練自己裝扮上的技巧。

女生身上如果有一、兩件名牌配件，會讓自己看起來很亮眼，但是千萬不要全身上下都是名牌，這樣反而適得其反，掩蓋了自己原本的特色。

還有，不要買名牌的仿冒品。如果妳的預算不多，就買個小配件，或是努力存一筆錢再買。

購物對女人來說很重要，它其實就是訓練女人眼光和品味的練習場，所以不要說東西有了就好，對於東西的質感也要更重視。

如果換掉枯燥乏味的工作這個決定，對妳而言太過驚險刺激，那麼，妳何不換換工作上的心情呢？

把這份工作令妳不快樂的部分找出來，也許能改變妳對工作的看法。

此外，交交新朋友吧。

妳有多久沒有認識新朋友了呢？認識朋友是一件有趣的事情。因為有很多好玩的東西，妳一個人想破頭也不一定想得到，可是新的朋友能給妳很多生活上的靈感。

例如說，當妳結交了一位造型師朋友，妳就會發現化妝的奧妙；當妳結交了一位事業傑出的女性，可以從她身上學習到不少待人處事的方法；當妳交了一位性格奔放的朋友，也會重新燃起妳對生命的熱情。

最重要的是，當妳跳脫了原有的生活框架，再回頭看看，妳就會明白，自己過去的不快樂、憤怒是為了什麼？

妳可以為自己做些什麼改變？

而改變的關鍵，就從妳願意走出去的那一刻開始。

取悅別人，不是愛情

我覺得每一個女生都應該努力讓自己受歡迎。

妳可以用美麗吸引眾人目光；要善待他人，讓別人和妳相處愉悅；妳要自信獨立，在工作上表現亮眼。

最重要的是，妳需要被肯定。

被肯定的方法有兩種，第一種是努力提升自己內在專業和外在美；第二種是對別人欣賞讚美。

取悅他人是一件有目的性的事情。也許妳會特別取悅某些人，像是妳的客戶、妳的上司，妳認為讓他們開心一點，才有助於工作上的發展。當我們有求於人的時候，就會不自覺地去取悅他人。

但感情不是職場算計，為什麼要費盡心思地取悅對方呢？是不是因為，如果不這麼做的話，妳覺得就會失去他的愛了？他就不再那麼愛妳了呢？

那麼，妳覺得他為什麼會愛妳呢？是因為妳能給他很多很多的東西，還是妳會幫他做很多很多的事情？

在愛情裡，我們當然多少會得到一些實質上的好處，但那不是愛情發生的真正原因。

世界上可以給我們好處的人很多，但我們也沒有因此和他們戀愛。

我們之所以願意和某個人相愛，就是因為我們喜歡和他在一起，喜歡他原來的樣子，這才是愛情裡最大的吸引力啊！

如果妳不好好維持自己原來的樣子，卻反而把自己變成另一個人，只為了取悅對方而活，當然會逐漸失去了妳在愛情中的吸引力。

Baby，取悅他人的愛情是行不通的，所以請妳好好想一想，要維持自己當初被他喜歡的樣子？還是要變成另一個人的樣子？哪一個對妳的愛情更有幫助呢？

在愛情裡，做自己開心的事情

有個女生說，她最討厭的就是做家事。她也向男友表明了，婚後除了做家事之外，其他好談。

另一個浪漫女生則說：我愛他，願意為他做任何事情。

事實上，當妳愛上了一個人之後，就會自然而然地想為他做「一些事情」。

有些女生很賢慧，喜歡為另一半洗衣燒飯、打掃家裡，把襯衫燙得直挺挺的。

當我愛一個人的時候，我會細心觀察他的需求，給他很多生活上的幫助。我自己非常喜歡購物，所以送禮物也是我在愛情裡最喜歡做的事情。

當女人愛上一個男人之後，她們會全心全意努力付出。

有些女人開始以另一半的生活為重心，如影隨形地跟著他。有些女生愛屋及烏，不但照顧另一半，連他身邊的親朋好友都照料得很好。

但是，當女人為了愛情付出那麼多，結果戀情卻不如想像中順利時，往往忍不住自怨自憐，覺得自己當初真的好傻好天真。

Baby，請先停止妳腦中那些悲觀的負面思考吧。我想請妳認真回答我一個問題：妳在愛情裡做的事，都是妳喜歡做的事嗎？

妳喜歡做家事，所以妳用這個方式來表達妳的愛；妳喜歡送禮物，像我一樣，所以妳用這個方式來表達妳的愛；妳喜歡當另一半的小跟班，所以妳用這個方式來表達妳的愛。還是，妳明明不喜歡做家事，卻勉強自己扮演女傭的角色，妳明明喜歡自由自在，卻勉強自己圈在另一半小小的世界裡，這樣是不是扭曲了原來的自己呢？

Baby，不要委屈自己，妳可以告訴男友，雖然妳不喜歡做家事，但是妳可以陪他散散步，和他一起分享生活中的種種快樂。

我明白這樣做不是一件容易的事情，但是，要知道，當妳能真的打從心底讓自己快樂，這段感情才能長遠地走下去。請試著把妳自己找回來，用妳最快樂的方式去付出，妳的愛。

吵架時仍記得他不是你的敵人

想要把戀愛談好，一定有三個基本要素：你愛她、他愛妳，除此之外，也需要懂得處理兩個人之間的「爭執」。在愛情中所產生的爭執有一個特色，就是「當事人」可能覺得很嚴重，但是「旁觀者」卻覺得很好笑，怎麼連這一點芝麻蒜皮的小事都在吵？我們常聽到，一對情侶分手時，最多的理由就是：「個性不合」。

「個性不合」其實是非常抽象的字眼，但是它具體反應在現實生活中，多半都是一些生活瑣事引發的連鎖效應。最常見的不外乎是：

・**生活習慣不同**：兩人生活在一起，生活習慣不同，往往是壓力來源。比如說：脫下來的襪子亂丟、上廁所後不沖水、上床前不洗澡、男生尿尿時不用坐的……這些細節都容易讓對方心生不滿。

・**興趣、偏好不同**：每個人的喜好不同，愛吃的東西、愛看的電視、喜歡哪個候選人……青菜蘿蔔各有所好，有些爭執是無解的，不如各退一步，各做各的。

・**沒有尊重對方**：明明對方下班後已經累了，心情又差，你仍執意要他和你一起去看電影；對方若藉故不去，你還怪對方沒情趣，這就是不尊重對方的表現。

・**缺乏耐性**：因為是情人了，兩人在相處時，「耐性」往往就越來越差。

・**金錢觀不同**：覺得對方太浪費、太小氣，對錢的用途與價值觀不同，是情人之間經常發生的爭執點。

・**說話的語氣、態度欠佳**：該講話的時候悶不吭聲；情緒突然之間來了，講話又很大聲或口不擇言，都是觸怒雙方的導火線。

・**無法預期的突發狀況**：下班後兩人相約一起吃個飯，結果找停車位找太久、餐廳客滿沒位子、公司臨時有事走不開……這些都是橫生枝節的導火線。

許多諸如此類的芝麻小事若是沒有解決，兩人無法達成「共識」，時間一久，很容易就會讓愛情陷入危機。

很多時候「吵架」也是情人之間的一種溝通方式。只是每次吵架之後，兩人很少會去仔細思考：剛才為什麼吵架？吵架後得到什麼結果？是不是因此而更了解對方呢？我記得 Ken 在節目裡曾經說過：吵架過後要學會「收架」，就是要放個「台階」、「梯子」給對方，讓對方有面子，也讓自己下得了台。

如果想要在吵完架後還有台階下，有些話在吵架當中就請別說出口了。例如：「你真是無理取鬧、你鬧夠了沒?!」「你這麼聰明，為什麼總是說不聽呢？」「你真是太幼稚、不長進了！」「某某人就說，你怎樣怎樣，果不其然……」這類翻感情舊帳、口不擇言，或是人身攻擊的言語，十分具有殺傷力。

我建議情侶們要經常在心中熟記一個通關密碼，那就是當兩人之間的氣氛已經達到劍拔弩張的狀態時，這時候，腦袋裡應該要浮現出「處理爭執」這四個字，好好面對處理眼前的問題。

女生比較情緒化，也比男生感情豐富。當女生陷入吵架情緒當中，腦袋裡浮現的往往都是「他不了解我」、「他想傷害我」、「他不再愛我」……這些情緒性字眼，開始啟動「自我保護機制」，把對方當成敵人，並且發動猛烈炮火攻擊。

我不能說所有的吵架都是「溝通」，可是對於與你有緊密感情聯繫的情人，吵架絕對是溝通，是訴求「我們彼此諒解」的手段，而不是爭個「你死我活」的結果。

因此，下一次當你和情人發生爭吵的時候，請先啟動這個通關密碼——「處理爭執」，把原本的負面情緒壓下來，相信會減少一些傷害彼此、甚至摧毀兩人關係的話語說出口的機會。

婚前甜蜜宣言書

在「愛情一〇一學校」中，我和愛情上尉 Ken 舉辦各種兩性座談會，而在這當中，有些認識或不認識的朋友會來問我一些兩性方面的問題，像是：「妳可以幫我分析一下，究竟我適不適合結婚呢？」

首先，我們要了解：「結婚是一種法律行為。」自然包含了許多夫妻之間的權利和義務，既然是一種權利義務關係，當然就得相互遵守和履行。

結婚和戀愛不一樣，戀愛中的情侶自由自在，兩個人比較多的是「相愛」；而婚姻裡的夫妻，相對多的是兩人之間的「相處」。

在戀愛期，我們扮演的是情人的角色，在婚姻裡，卻是夫妻的身分。

我有個女性朋友，和男友交往已經很多年了，卻沒有結婚的打算。每當有人問起她為何不和男友步入結婚禮堂時，她往往問說：「為什麼一定要結婚呢？我們彼此相愛就是人生啊！」的確，在這個自由多元的現代社會，結婚已經不是一件人生中「必然」的事情。

想知道自己究竟適不適合結婚？

你必須要問問自己：「我是一個依賴心很重的人？結婚對我的意義是什麼？生活安定、有安全感、有人作伴、彼此照料、生養下一代，還是因為責任感？」

在詢問別人：「究竟我適不適合結婚呢？」之前，或許你可以先問問自己：「我想要的是哪一種互動關係與生活模式？」心中自然就會出現答案。

當一對戀人沉浸在甜蜜的愛戀時，一旦論及婚嫁，總希望能白頭到老。

但是婚姻是一段長遠的旅程，萬一有一天，兩人真的走不下去了，也要能好聚好散，不致成為仇家陌路。

時下很多夫妻明明已經不愛了，表面上卻顧著面子，貌合神離，形同家具般相處著；要不然就是一方痛苦的欲離，一方即便對方外遇、被家暴了，仍然堅持不願意離婚。

如果我們能夠在相愛的時候為這些可能發生的情況，做好準備，就能減少痛苦。

「婚前契約」，我倒喜歡稱它「甜蜜宣言書」。在步入婚姻、走上紅地毯前有個宣言書，對彼此都是個約束保障，也是一種負責任的表現。

當我們相愛的時候，承諾真心的相愛，並且以這份「甜蜜宣言書」，互相保障將來不再相愛之時，也不會互相傷害。

愛情上尉
Ken 的思維

CHAPTER1

Baby，我不是不想對妳說心事

當男人開始沉默的時候

很多家庭戰爭都是這樣開始的……

一個男人工作了一天回到家裡，往沙發上一攤，拿起遙控器開始盯著電視不放，一整個晚上下來，和另一半說不到三句話。

再聽聽他說出來的話，也很讓他的女人抓狂，例如「我明天要穿的襯衫洗好了嗎？」、「為什麼晚餐沒有牛肉？」、「浴室好幾天沒刷了」……

如果女人當天剛好很忙或是心情很好，他還能勉強度過這一關。

要是女人當天心情不好，或是精神好到足以和男人大吵一架，那對男人來說就是災難的開始了。

「你為什麼不和我說說話？我不是只幫你煮飯洗衣服的菲傭好嗎？」女人大聲抗議。而當男人聽到這種話，內心一定是既錯愕又害怕。錯愕的是「我完全沒這樣想啊！」害怕的是，眼前彷彿有個寫著「trouble」的大氣球，正出現在他眼前，等著引爆……

為什麼男人不喜歡和女人說心事呢？這件事情其實很容易理解。

第一：男人的語言系統發展得不如女人好。因為他們不善言辭又怕言多必失，所以寧願保持沉默，自認是固守「安全防線」。

第二：男人的心態是，「我是男人，我是hero，hero怎麼會有心事？萬事OK的啦！」這也是男人因為想要給女人安全感，所刻意營造出來的樣子。

當一個男人愛著一個女人的時候，他的思考模式就是，在現實生活中盡量供應女人的需求，給女人安全感。因此，在日常生活中，他會用最大的力氣去阻止自己對女人說：「Baby，我們該怎麼辦？」

你可以說這是一種大男人主義，也可以說是男人在愛情裡的真實表現。

面對男人的沉默，女人大可不必太過心慌。

如果妳的男人沒有搞外遇、出軌、沒有對妳不感興趣、打算和妳分手……就請妳停止那些無限上綱的想像力吧。

事實上，當男人保持沉默的時候，多半只是因為他累了、他不知道要和妳說什麼、他在想工作上的事情……也可能他正專心看球賽或打電動玩具，藉此紓解心中的壓力。

女人是聽覺的動物，她們需要「聽男人說話」來確認自己被愛的感覺；而大多數男人選擇用更實際的方法，像是「給妳一個安穩的家」來表現他們的愛意。

當女人對於被愛這件事情感到不安的時候，不要想太多，妳只要確定妳的男人是否正全心全意努力地在構築屬於你們兩人的愛情城堡即可，這件事情遠比他對妳說一千遍「我愛妳、妳好漂亮」，還要更真實。

男人把不安全感放在心裡

感情流露是每個人心中最柔軟的部分。不過，為什麼男人看起來總好像一副對於愛情滿不在乎的樣子？這其實是社會壓力之下造成的結果。如果一個女人在愛情裡表現出不安全感，人們會覺得她很深情、心思細膩、惹人憐愛。相反地，如果一個男人在愛情裡表現出不安全感，人們會覺得他太脆弱，成不了大事，甚至失去了被信任感。

「社會信任感」對男人來說非常重要，因為這是一個男人發展事業最基本的條件，任何一個不想當小白臉的男人都很重視這件事情。

我們從青春期開始有了性別認知之後，就和哥兒們混在一起，很自然而然地，就把「身為一個男人應該如何如何」的事情都弄清楚也學會了，知道男人就應該維持男人該有的樣子。但是，這並不代表男人不重視愛情，只是男人對於不安全感，採取的應對之道不同罷了。

對於愛情，男人心中雖然也會有不安全感，像是擔心女友和朋友出去玩會不會被其他男人給追走？去泡夜店會不會出軌？一時之間打電話找不到女友，心裡頓時焦慮不安……這些感覺男人也有，但我們會說服自己盡力去克制它。

沒有錯！我們把這種不安全感當成需要克服的「障礙」，盡量不要讓它們影響到我們的生活。男人的心胸要寬大、表現要大器，這些愛情裡的不安全感太小鼻子小眼睛，不應該出現在自己的四周。

有一次下班後，我和一群工作夥伴臨時被通知去找一位客戶談事情，誰也沒有時間特地打電話回去交代。結果，我們和客戶開會開到一半，其中一位同事的女朋友打電話來，劈頭就是一陣興師問罪。

同事礙於情勢，只能在電話裡小聲告訴她說：「回去再說。」

沒想到，女生越說越火大，直接在電話中飆罵：「你就是心裡有鬼！」

男生被逼到只好趕緊拿著電話走出會議室解釋。

會議結束之後，這位男同事約我一起去喝酒，席間，他告訴我，剛才已在電話裡和女友說分手。

在愛情中，女生會表現出不安全感是正常的反應，也沒什麼不可以，只是，表達方式最好委婉一點，態度溫和一點，不要動不動就扠起腰來，指責男人的不是。

適可而止的表現出妳的不安全感，有時候也能讓男人感覺自己受到重視。

如果那位同事的女友，當時能換個說法：「以前你七點鐘就會來接我下班，今天卻沒有來，讓我很擔心，以為你是不是發生了什麼事情……」

那麼，我相信男生不但不會感到自己的工作被打擾了，而且還會覺得這個女生真的很愛他。當女生在行為上表現出心理的不安全感之後，她們同時也希望男生能做出適當回應，讓她更有安全感。

不過，女生需要給男生一點時間。也許他並不難懂得妳要的是什麼，不過，妳需要給他時間去「行動」。我也要奉勸男人們，不要給自己太大壓力，老是表現出一副「我不在乎」的樣子。

面對自己的親密伴侶，偶爾也要技巧性地表現出「我很重視妳」的態度。

總而言之，「不安全感」是愛情過程當中自然而然會有的心理反應，戀人們既不需要太排斥它、也不要盲目地被它牽著鼻子走。

但一定要謹記，別讓不安全感傷害了你們之間得之不易的情感。

愛情中的尊重與獨立

你仔細回想一下過去的戀愛對象，大多是與自己個性相似、還是互補的人呢？

有一種說法是，我們選擇的對象，往往並不是因為對方的優點吸引我們，而是對方恰好擁有我們所欠缺的特質。因為我們渴望改變自己，嚮往有個可以學習、成長的目標，所以選擇了這樣的對象。

另一種說法是，人都會尋找自己的影子，就像夏娃是亞當的肋骨，所以我們會被跟自己個性相似的人所吸引。

在愛情中，這兩種情況會有不一樣的問題產生。

如果我們選擇跟個性互補的人在一起，倘若兩人發生了爭執、意見不同時，到底要聽誰的呢？如果兩個人個性都倔強，誰會去遷就誰呢？

所以呢～這就是在愛情中的「尊重與獨立」的課題了！

在單身的時候，我們可以充分愛自己，但當我們遇到心愛的人時，若還是以自我為中心，而忽略了對方的感受，就會加深彼此的痛苦與困擾，反而成了「礙」對方！

「尊重與獨立」是兩性相處的一門哲學。「一人一半，才能成伴，比較不會散」，則是愛情中「尊重與獨立」的最佳詮釋。在愛情裡，多半男人女人要的不一樣；男人重視的是結果，女人樂於分享，了解彼此的差異，才能接受彼此的不同。

很多朋友常跟我說，他想要怎樣的交往對象、對方要有怎樣的外在和內涵條件等等，這是在愛情中很本能的想法。

然而，我們能不能也試著用同樣的想法來看待自己呢？就算某一天，「這個人」真的出現在我的面前時，她（他）會不會也認為我有「吸引力」，對我們心動呢？

想要找到適合自己的伴侶，除了外在條件「登對」與看得「順眼」外，提供幾個思考方向給大家：

- 我們有共同的目標嗎？
- 她（他）是一個值得我敬佩的人嗎？

• 我們的「價值觀」和「習慣」一致嗎？
• 和她（他）分享自己的感覺與想法時，覺得「安全」嗎？
• 她（他）是如何對待其他人的？
• 如果兩人交往或結婚後，我是否希望改變她（他）？
• 她（他）是不是個有主見、行為成熟的人？
• 跟她（他）在一起生活的話，是不是感覺很「有趣」？
• 當我沒看到她（他）的時候，我總會不經意地想到他（她）？
• 她（他）是不是一個值得愛的人？

一個愛自己也值得被愛的人是身心成熟的人，不會因為一時的浪漫或衝動就「淪陷」在愛情裡。

即便我們和心愛的人之間沒有共同的興趣、生活背景，也可以透過良好的溝通一起勉勵、互相學習，培養出雙方親密感。

愛情警戒區

戀愛的時候，我們常常會花很多心思去揣測對方喜歡什麼，努力投其所好，但往往卻忽略了哪些是對方討厭的、千萬不能觸犯的禁地？我稱它為「愛情警戒區」。

事實上，弄清楚彼此的「警戒區」在哪裡，就跟了解對方的喜好一樣重要。

我時常聽到一些男人抱怨：「昨天約會時本來好好的，她不知道在鬧什麼神經，忽然就發起了大小姐脾氣！」我心裡想，他一定是誤觸了女友的「警戒區」，自己卻沒有發覺。

男人的心中常會有這樣的疑問：為什麼女人不能把心裡想的話，明明白白地說出來呢？而那些沒說出口的話就像是地雷一樣，平時可能被隱藏起來，但是一旦不小心踩到，很可能會成為愛情導火線，造成慘烈的結局！

到底，哪些事情會讓你誤踩女人的「警戒區」呢？

首先，絕對不能當著她的面，讚美別的女人！「情人眼裡容不下一粒沙！」這句話可以說是至理名言，各位男性朋友們，請一定要牢牢記在心底。

每個女人都希望成為男人眼中唯一的焦點。相信沒有哪個女人想要聽到男友在自己的面前拚命誇讚其他的女人，尤其是美麗這件事。

偏偏女人就是喜歡設計一些陷阱讓男人往下跳，例如她會問男友：「你覺得那個穿黃色比基尼的女人，還是旁邊長頭髮的女人，哪一個比較漂亮？」

此時千萬要記住，不管你回答哪一個選項都不對，「我覺得她們都沒有妳好看！」才是最安全的答案。

就算你真的不想說出「違心之論」，也可以改口：「我覺得都還好，沒什麼特別感覺。」這樣的回答很容易就輕鬆過關了！

我曾經在電視節目中，聽到一些大學生講述他們的戀愛經驗，其中有個男生被女友問到以上這個考古題時，傻傻的回答：「當然是那個長頭髮的女生！」

當下女友沒有多說什麼，但是一個多月後，她的「心病」還是發作了，兩人為此大吵了一架。

由此可見，女人的內心深處有多麼在意男友讚美其他女人這件事。

很多男人也常犯一個錯誤，就是在女友面前肆無忌憚的讚美某個女明星，說她的臉蛋有多完美、身材有多正……這些讚賞讓女人聽了格外刺耳，尤其當男人稱讚的地方是她本身所欠缺的條件時，例如稱讚林志玲身材有多好，聽在體型嬌小的女友耳裡，心裡當然很不是滋味。

其次，千萬不要在現任女友面前，提起前女友的好。我見過很多男人會不自覺的在現任女友面前，提起前女友對他的好，像是前女友會幫他把易開罐飲料打開、體貼的插好吸管才遞給他；喝咖啡時會依照他喜歡的口味，調好奶精和糖的比例……等等，這些話聽在女友的耳裡，絕對是不好受。

有些男人提起前女友的優點，可能只是想暗示一下現任女友，心中對她的期望，但這樣的作法往往適得其反。

女人有「愛情警戒區」，男人當然也有，只是在意的重點大不相同。

男人的警戒區，是「自尊」。我見過一些女人很喜歡在男友面前稱讚其他男人有多能幹、多會賺錢，這就跟女人不喜歡男友讚美其他女人的道理一樣，是男人的大忌。因為相形之下，似乎顯得自己很遜、很失敗。

男人和女人一樣，都希望自己在情人的眼裡是最棒的。只是男人在意的不是外表的優勢，而是社會地位和認同感。有些女人在吵架時，常常會口不擇言，說出一些嚴重傷害男人自尊心的話，那是相當不智的行為！一旦妳傷害了男人的自尊，想要和好如初的機會就很渺茫了，有些男人打從心底不想再面對妳，甚至在分手後也不願想起妳。

另一個警戒區是「嘮叨」。男人跟女人不一樣，女人樂於與他人「分享」，尤其是跟喜歡的人分享生活中的點點滴滴、自己的心情想法……但是對男人來說，他想聽的是事情的重點，對於重視邏輯的男人來說，那些瑣碎的細節根本是無關緊要的旁枝末節，他實在不懂，女人說這些事情的意義何在。

當男人心情好、時間多的時候還好，他可能會捺著性子聽妳說。但是，如果男人今天剛好工作很累，又遇到一堆不順心的事情，那麼妳的嘮叨很可能就會引起他的不悅。

所以，我要提醒女性朋友們，在戀愛中，「察言觀色」是很重要的；當妳興奮的想和情人分享一件事，卻察覺到他並沒有閒情逸致聽妳說話的心情時，妳不妨適時遞上一杯熱茶、給他一個溫暖的擁抱，更能讓他感受到妳的愛意。

在愛情中，還有很多因人而異的禁忌，若你願意多花點心思去了解對方，就能了解對方的底限，懂得如何和情人相處，讓你們之間的戀情更加順利。

男人的「外貌協會」和女人的「甜言軍團」

最近國內一項調查數據顯示，「逾四十五歲未婚者，死亡率最高」。

由此可見，人是群居的動物，如果一個人能在感情世界裡找到知心的伴侶，至少在無助的時候，有個人可以說說話、紓解一下壓力，身心會更健康。

我想，很少人是真的打定主意不尋找終生伴侶的，真的都是「找不到」。

為什麼「找不到」呢？

很多女生告訴我，現在的男人普遍顯得「單薄膚淺」。

言下之意，男人在感情上，多半不善表達且不具內涵。

我們常說「談戀愛」、「談情說愛」，每當有人想介紹男朋友、女朋友給其他人認識時，在擇友條件上，往往總是聽見他們說：「談得來就好！」

可見初相識的一對男女，能不能彼此有話聊，不會「話不投機半句多」，就成了交往的關鍵。

男性在兩性關係中多數不善言辭，女性則是倚賴聽覺的動物。

女人喜歡聽到甜言蜜語，但也不是每個男人都有能力說的。因此，在女性的愛情市場需求裡，「甜言軍團」頓時變得十分搶手！至於男人，大都喜歡漂亮的女生，他們的愛情需求也是，而且越漂亮越好。相信這個論點會讓許多女人心生不滿，認為男人都很膚淺。相對地，男人也經常抱怨，女人容易被甜言蜜語所欺騙，其實很笨。

如果從「酸葡萄」的心理去看待「外貌協會」和「甜言軍團」的時候，就會對愛情產生負面、悲觀的印象。所以，我們不妨從正面一點的思考，來看待這件事。就像人們都愛錢一樣，雖然追求財富名利似乎很膚淺，但那也是促使我們努力工作、提升自己的工作能力的一大前進動力。

在愛情裡，也是一樣的情形。

既然女人已經知道男人是「外貌協會」，事情就再簡單不過了！女人只要設法加強自己的外在條件，就能提升自己的異性緣。同樣地，男人也不必哀怨女人只喜歡聽甜言蜜語，更應該訓練自己說話方面的能力。

男人會說話，真的很重要，不要以「老實」作為怠惰的藉口。「老實」和「不會說話」，兩者之間並沒有什麼直接關係。

「會說話」，並不是要你出口成章、三步成詩，或是淨說一些好聽恭維的話，而是在說話之前，要能夠顧慮到對方的感受。

倘若，你在交談的時候，大剌剌地問一位熟女芳齡，其實是很失禮的事情，這並不是「老實」。但是，對於一個為了你精心打扮赴約的女人，稱讚她美麗就是男人應有的風度。當一個男人有風度，他所說出來的話就不會太失禮。

至於女人，想要讓自己的外表更有魅力，也不一定要三天兩頭往美容診所跑，學會得體的裝扮更重要。男人不一定很懂什麼是臉蛋身材的比例，就算妳具備完美比例，他們也不一定有感覺。

可是，如果妳以一身亮麗的打扮，出現在男人面前，讓他第一眼就覺得：這是一個好看的女生，這就是吸引他的重要開始了。

大老婆和小情人的差異

前陣子某位法界人士的外遇事件，引起了社會輿論的關注討論。

此外，一個熱門新聞中的男主角，他的外遇對象也引發了熱烈討論；因為，這起感情事件中的第三者竟然是一位大嬸模樣的中年女性。

這和過去女人認為的「狐狸精」形象，簡直是天差地別，讓許多女人的心中都出現了一個大大的問號。

其實，這也正好提醒了所有女人看清一個現實：男人的外遇對象，其實都是具有功能性的。而且，是具備大老婆身上所沒有的功能性。

外遇發生的原因、情況很多，但若要找出共同的元素，那就是大老婆和小情人之間有所不同。相較於那位幫助男主角收賄的外遇對象，我猜想男主角的元配，應該是保守善良的傳統婦女。同樣的，女人的外遇對象，通常也和丈夫的特質有很大的不同。我們可能不得不承認，人性都是貪婪的，左手握著蘋果，右手又想握住橘子，兩種滋味都想品嘗看看。

在現代社會，另一半外遇出軌已是十分普遍的現象；想要杜絕外遇，我認為最好的辦法，就是用心去了解對方的內心需求。

在相愛的時候，我們對彼此已經有一定程度的了解，但是並不足夠。因為隨著環境和時間的改變，過去我們所熟悉的那個人，可能因為一些人生經歷、一個突發狀況，而激發了他過去不曾想到的慾望。

如果我們對於另一半的存在，感覺理所當然，沒有去花心思了解他心情上的幽微變化，就很容易忽略了他的內心需求，讓他有「不被了解」的孤獨感，進而對外尋找感情支援。

因此，我們對待情人最好的方式，就是無論發生什麼事情，第一時間都能用「我能理解」的態度去面對。

愛情中的妥協與讓步

在愛情中，難免會有意見分歧、互不相讓的時候，究竟彼此要讓步到什麼地步，這段感情才走得下去？是戀愛磨合期時的一大考驗。

每對情人讓步的標準都不同，但是，大多數男人很難做到的事情，女人最好也別逼得太緊，否則很容易為兩人之間的關係埋下地雷。同樣的，男人也不要太自以為是，而忽視了女人內心的感受。

很多女人喜歡對自己的男人「約法三章」。如果是在男人熱烈追求女人的階段，為了贏得這場愛情的勝利，不要說是「約法三章」了，就算女人把「摩西十誡」和「漢摩拉比法典」全部都搬出來，男人也一定會滴水不漏地達成。

等到男人成功追求到女人之後，女人如果想要和男人「約法三章」，也得看是否合情合理，以及有沒有太難為男人？

例如說，明明妳的男人上了一整天的班已經很累了，妳是不是還任性地要求他帶妳去陽明山看夜景、去北海岸兜風？

我經常在演講的場合中，跟大家分享一個兩性相處的觀念，就是愛情中的「理性」，有其存在的價值。當兩人之間出現衝突時，若是用感性來回應另一半，那麼雙方都會覺得委屈，最後甚至不歡而散，但是若你能將理性的一面拿出來，結果就會完全不同了！

例如，當另一半抱怨我們沒時間陪伴她（他）們的時候，我建議你，回答時語氣要溫和，絕對不可以流露出不耐煩的神情跟語氣。

你不妨設身處地的想想，若是對方根本不愛你，何必要求你多陪伴他呢？

當男人為了工作忙翻天的時候，接到女人打來訴苦的電話時，也請先按捺一下心中的怒氣。你可以這麼說：「寶貝，我知道妳很想我，但是我現在正在忙，妳可不可以先給我一點時間，把手上的事情處理好呢？」

把握重點，肯定對方想見你的需求，然後用溫柔堅定的語氣請對方配合，這是一種理性的溝通方法。

當你的表現姿態越是柔軟的時候，就更容易獲得對方的體諒與接納。

在兩人的關係進入磨合期後，男人的簡訊電話往往頓時變得少得可憐，此時，女人也先別急著發作，這會讓男人有種「我追到一個燙手山芋」的感覺；一旦妳表現出歇斯底里的樣子，等於是把男人往外推得更遠。

如果妳劈頭就質問他：「你為什麼不打電話給我？」很容易就引起男人的防備之心，而不是讓他想要安撫妳的不安情緒。

建議妳可以不著痕跡地問他：「你這幾天好像比較忙，是不是很累呢？」

男人聽到這種貼心的關懷，往往會自然而然地開始訴說起工作上的種種，好讓女人明白，自己的工作有多重要，有多少人需要他。

「我就猜想你是在忙，幸好前天我沒打電話給你，前天我遇見了一個大麻煩……」男人聽了，自然是英雄主義作祟，馬上對女人說：「不管我有多忙，遇到這種事情，妳應該立刻打電話給我啊！」

恭喜妳！如此一來，妳很順利地拿到一張「可以在工作時打擾他」的通行證

了！

男人並不是不重視愛情，只是通常難以一心兩用。雖然他們常常因為工作而忽略了愛情，但是只要女人適時地提醒他一下，就會讓他想起照顧身邊這位女人，是他的責任和承諾。

男人失戀時的止痛秘方

許多人都覺得男人不重視愛情這件事，即使失戀了也不要緊，反正再換個女友就好了。

男人之間也常常會說：「兄弟如手足，女人如衣服。」

但是，請別相信男人嘴巴上這些冠冕堂皇的鬼話，他們只是在逞強而已。

愛情對男人來說真的很重要，重要性甚至遠遠超過女人。

為什麼這麼說呢？

首先，一個男人獨自生活是很孤獨的。

別看他有一堆男性朋友在身邊，一群女人愛慕著他，好像很吃得開的樣子，這些人他其實一個也不信任。就是因為不信任，所以才老是要裝得一副自己很瀟灑、看得開的樣子。

而且男人的兄弟可不是拿來吐露心事用的，一不小心，很可能就會遭到哥兒們的奚落：「老兄，你也太弱了吧？這點小事就把你給打敗了！」

男人遇到傷心事，更是不能「哭著回家找媽媽」。

所以，男人如果沒有一個他深愛而且信任的女人在身邊，可以想見他的心靈會有多空虛寂寞。

其次，男人根本不會照顧自己，這才是重點。

女人失戀了，還可以自己打掃房間、洗衣服、燒飯，知道襪子放在哪裡，該穿什麼衣服，可是男人平常在家靠媽媽、出外靠女友，女友跑了，人生立刻從彩色變成黑白。

不管從身體上、心靈上、生活上來說，愛情對男人來說都是很重要的。

這也就是為什麼，當男人失戀的時候，不會像女人一樣用三、五年的時間去療傷止痛。

如果真的這樣，男人大概早就已經陣亡了。

一旦失去另一半，男人往往得火速地找到「接班人馬」（有些男人更未雨綢繆，連「籌備幹部」都會先找好），免得一夕之間，生活全垮了。

許多離了婚的男人很快就找到第二春，這通常不是什麼浪漫的一見鍾情，而是一個需求，男人沒有女人不行。

女人也許會問：「這樣第二春多可憐啊！不就是個替代品？男人對於第二春，能保持忠誠嗎？」

事實證明，大多數找到第二春的男人，都能對配偶保持忠誠。

原因很簡單，因為他們整個心力都放在努力工作、維繫家庭上，不容易分心。

我還是必須強調，大多數男人都很平凡、很專情，他們的內心無非是渴望擁有一個穩定的感情對象、一個穩固的家庭後援，然後抓緊時間，努力衝刺自己的事業，而並非像一般女人所想的遊戲人間。

愛情的百米賽跑和馬拉松賽

「當男人結束的時候，女人正要開始。」是一個千古不變的道理。

男人和女人看待愛情的思維，基本上就不同。

在工作上，女人也許和男人是一樣的：目標→規劃→執行→達陣，再往下一個目標前進。但是在愛情上，男人還是一樣：目標→規劃→執行→達陣。

他們的愛情目標是把女人追到手或娶回家，就是大功告成，開始繼續進行其他人生目標，像是：事業再上一層樓、年薪大躍升、換間更大的房子……等等。

女人的就不一樣了。

她們的愛情目標往往是：愛我、更愛我、永遠地愛我。

女人常抱怨和男人交往一段時間後，他們的態度和一開始追求時差很大！

令男人感到不解：我的人都給妳了，妳還有什麼不滿意的呢？

對於男人來說，愛情是百米賽跑；對於女人來說，愛情則是馬拉松賽。

在愛情的賽程中，男人用每秒十公尺的速度去跑，期待比賽結束後，拿到該有的愛情獎賞，就算達陣。

女人則是一開始就用跑馬拉松的心情去面對愛情，在經過百米賽程的考驗後，還希望有延長賽……

男人在追求女人的過程中，會積極地展開各式行動，像是按時接送、送花、燭光晚餐、三餐簡訊電話問候……以贏得女人的芳心和好感。

當兩人的關係穩固下來，男人因此停止了這些動作後，女人不免感到失落，因為她們心中還想著要有更高級的燭光晚餐、更浪漫的約會、更大的鑽石、更多的甜言蜜語。

許多女人想問的是：難道男人真的那麼賤，一旦追到手，就不珍惜了嗎？

我相信大多數男人不會不把好不容易追到手的女人當一回事的。

相反地，男人其實比以往更珍惜妳。

他們心裡想著：「只有我的女人活得好，我才會有成就感。因為她的好是我給的，我有能力給她。」

此時，男人想要保護照顧女人的心，取代了鮮花和燭光晚餐的浪漫。

他想要全力衝刺的，是你們之間的未來。

面對曖昧不委屈

在戀愛初期，往往有個問題令人相當困擾，那就是曖昧。面對曖昧的情況，女生心中更是忐忑不安，不知道要如何確認兩人之間的關係才好。

「他每天打電話和我聊天，是對我有意思嗎？」

「他找我出去吃飯，是想追求我嗎？」

「他是真的喜歡我嗎？還是我想太多了？」

此時，女生往往會擔心，如果自己表現得太主動，會怕把男生給嚇跑了；如果太被動，又擔心這段感情無疾而終。這其中的分寸拿捏，真的不容易。

曾經有一個女生對我說，有個男生追求她一陣子，常常約她出去吃飯、打電話給她，可是後來卻不再這麼做了。

女生每天盯著ＭＳＮ上的他，猶豫著要不要傳訊息給他？看著手機上的電話號碼，想著要不要打電話給他？這樣患得患失的心情，每天都困擾著她，令她十分苦惱。

女生心裡想：他是不是發現我不夠好？不想追求我了呢？還是他已有女朋友？還是，他最近發生了什麼意外？

這些情況都是有可能發生的。

通常對於比較熟悉的人，我們大概都猜得出來「他最近應該很忙」、「他八成又出差了」、「他這段時間應該出國度假去了」。但是對於一個認識不深的人，當然就不容易掌握他的動向狀況。

想要知道對方的確切心意，妳可以主動給他聯繫的機會。

例如，找個工作上的理由打電話給他，詢問他一些專業意見；或者是轉寄一些網路資訊的 e-mail 給他。事情點到為止就好，不必更進一步地約他出來做什麼，這個邀約的機會要留給男生。

男生對於喜歡的女生，喜歡與否的情緒是藏不住的。今天如果他喜歡妳，那麼當他接到妳的電話時，想必一定非常開心，甚至直截了當說出想約妳出來的話。

如果男生喜歡妳，就算妳用「多人方式」轉寄了一封網路上的文章給他，他也會熱烈地回應，表達自己對於那篇文章的看法。

我相信男生會積極約女生、打電話給女生，心裡一定有喜歡的意思，只是喜歡妳跟想和妳交往之間，還有一段距離。也許他需要更多時間觀察妳、看看你們是否真的適合在一起。

這種心態很容易理解，我相信女生心裡也會有一些對他抱持好感的男生，只是不一定有交往的意思。如果妳釋出善意之後，男生還是沒有展開真正的行動，那也許就是他對妳剛萌芽的感覺突然不見了，要懂得釋懷。

對於交往與否，每個人的考量都不一樣，女生不要過於鑽牛角尖，覺得一定是自己不夠好，所以男生中途放棄了追求。

最怕的就是女生敏感地覺得自己被「始亂終棄」了，為了爭一口氣，開始不斷地糾纏對方、死纏爛打，要男生給自己一個交代，那就失去格調了。這時候男生會想：幸好我沒有真的和妳在一起，原來妳這麼難搞。

面對曖昧的對象，要盡量表現得落落大方，並且保留一點空間給對方，這樣即使沒有進一步發展，至少保住了男生內心那一絲絲的好感。說不定哪一天時機到了，你們真的在一起了呢！

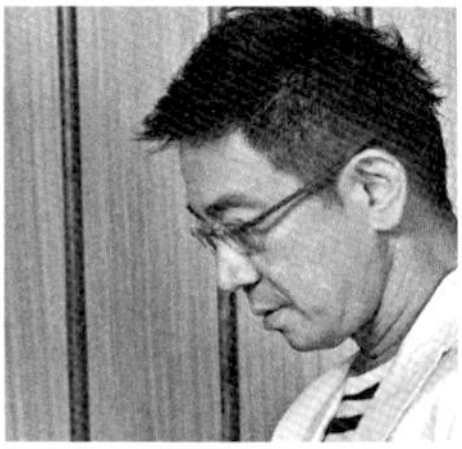

CHAPTER2

當女人變成公主、女王，男人開始逃亡

愛情中的吸引力

最近很多朋友都跟我說，對於身旁的他（她）不是不愛了，只是覺得有點倦了、沒ＦＵ了！當一段感情或婚姻關係穩定下來後，兩人習慣了彼此的存在，感覺往往越來越淡、互動也變少了，甚至逐漸失去了愛的感覺與動力。

這中間不一定是出現第三者，也不是愛情消失了，而是，沒有新鮮感了！

當兩人漸漸對彼此失去吸引力之後，外界的吸引力就變得更誘人了，偷吃、外遇、劈腿也就乘虛而入。許多人出軌的理由是對於另一半有所不滿，例如太太自從結婚後就不再打扮、老公有了小孩後就不再將注意力放在自己身上、生活裡的種種瑣事消磨了兩人之間的情趣……

我們當然都希望有情人終成眷屬，夫妻能夠白首偕老，但這不是靠著當初許下的誓約就能達到，我們仍然要盡力維繫自己在愛情中的吸引力。

相愛容易相處難，一對願意選擇在一起的情人、夫妻，彼此之間「愛戀的心意」是一定有的，但是兩人之間光靠濃情蜜意維持愛情關係是不夠的，「用心的經營」，才是感情能夠長久維繫的重要關鍵。

情人、夫妻之間的相處問題說起來真是可大可小，有時候情人之間再大的衝突、再難解的誤會，如果處理得好，一樣可以順利度過。相反的，如果彼此的觀念、想法、沒有好好的溝通，那麼，一些「芝麻蒜皮」小事，往往也會越演越烈，最後甚至走上「分手」、「離婚」一途。

在「用心經營愛情」上，有幾件事情，是你可以努力做到的：

首先，在心態上勿安於現狀、一成不變，要曉得「新鮮感」是情侶和夫妻需要隨時營造的。

你們可以訂出每個月一天的「愛情日」（the Date of Love），在這一天裡，拋開所有的生活瑣事，將你們的心完全放在彼此身上，一起做一些能讓感情加溫的事情。

例如一起去看場電影、去海邊走走，將這一星期來開心與不開心的事、心裡想說的話，統統告訴對方。

另外，與其總是擔心另一半會不會對自己失去興趣，懷疑他會不會搞外遇、劈腿，不如多花一些心思和精神在自己身上，讓自己的外在常保光鮮亮麗，並且藉由閱讀、參與一些知性活動來充實自己的內涵，累積自己的愛情能量。

現在美容科技很發達，想要青春永駐已經不是難事。因此，許多聰明的女人選擇了以科技手法來提升自己的「美力」，好抓住身邊男人的心。

但是妳要做的其實並不是把自己變成第一名模般的美女，只要維持住當初他愛上妳時的那種感覺，就已足夠。因為當初妳的男人在選擇妳的時候，證實了他是喜歡妳原本的樣子，而並非第一名模的外表。

妳有自己獨特的魅力，妳必須肯定原本的自己、喜歡自己，在這個基礎上，去提升自己的外在條件，這對維繫彼此之間的吸引力才有意義。

至於男人最大的吸引力，還是來自於他不驚不懼、能給女人穩定踏實感的氣魄。

也許在電影、偶像劇裡那些深情款款、浪漫不羈的男主角，會令許多女人心生憧憬：如果在現實世界中，也有個二十四小時維持 romantic 的男人，該有多好！沒錯！這世界上是真的有這種男人，但是女人也不要高興得太早，因為只有「把愛情當職業」的男人，才有辦法維持二十四小時的浪漫。

這種「職業情人」必然同時有許多情人，所以他必須隨時保持 romantic 的最佳狀態，好讓每位情人都得到滿足。

他們熱中於談戀愛的感覺，但是不會付出真感情。他們只希望在寂寞的時候，身旁可以有個情人陪伴著自己，而這些情人都只是他們生命中的風花雪月而已。

更進一步說，那不是愛情關係，而是「利用」關係。為了讓女人成為寂寞時的玩伴，所以他們很願意在短暫交會時，營造出浪漫的氛圍，但這樣的浪漫通常只是曇花一現。

車子靠保養，身體要調養，愛情更要時時滋養。如果此刻你也有「不是不愛了，只是愛不動了！」的心情，請努力找回愛情中的吸引力吧。

當愛情大轉彎

一個年輕女生和我說，最近她感覺到自己不再被愛了。

以前她的男友總是說不放心她一個人出門，每天殷勤地接送她上下班，可是，現在她得自己搭捷運回家。

我反問她，除了「接送」這件事情改變了之外，兩人之間還有什麼事情改變了呢？她想了想說，她的男友還是每天很早就出門工作，幾乎每天都加班到很晚才回家。接下來，她又說：「其實他也沒有什麼不好，他平常都很節省，卻很捨得花錢讓我買衣服。」說完，她自己也忍不住笑了。

與情人相處時，你是不是也常常抓住一件小事情，就開始數落對方，指責他不再愛你了呢？你是不是忽略了，除了少為你做的這件事情外，他其實默默為你做了一些你沒有要求過的事情？

在愛情中，我們總是不自覺的要求對方做得更多，希望另一半就像自己肚子裡的蛔蟲一般，了解我們心裡所想的事情。

愛是一種本能，貪是天性，所以當我們接收到心愛的人對我們的好時，自然地還想要索取更多！

有些女人會問：「當男人不再送鮮花，不再隨傳隨到，他是不是不愛我了呢？」

男人在追求到女人之後，往往就會表現得不如以往熱情，這是因為他們已經完成了愛情「狩獵」階段的目標。

當兩人的關係進入「穩定期」的階段，男人們給自己訂了另一個新的目標是：努力賺錢買房子給女人遮風蔽雨，努力提升自己的社會地位，讓自己更有能力照顧女人的未來。

也就是說，他收起追求時的衝動、不理性和浪漫，回歸到正常生活。相反地，女人才剛要投入愛情的懷抱，好回應男人追求時的熱情。

結果男人已經鳴金收兵，讓女人頓時傻眼。這時，女人難掩失落的情緒，想著：他不愛我了嗎？而男人真的是得到獵物之後，就不珍惜的獵人嗎？

對於男人來說，妳已經是他生活中的一部分，經營了生活，就是經營了愛情，並不是故意把妳晾在一邊。在這個時候，女人請不要因此而大吵大鬧；當男人不再打電話給妳，妳可以主動打電話給他；當男人不再安排約會細節，妳可以主動提出建議。

愛情不只是浪漫，也是生活。

當你愛上了公主

一個曾經受過公主們百般凌虐的年輕男生說，他單是回想起和那些女孩相處的生活，都餘悸猶存。約會遲到十分鐘，擺臭臉伺候。生日、情人節、聖誕節……各大節日招待不周，擺臭臉伺候。開車找停車位太久，擺臭臉伺候。

「其實最令我不安的是，她們的發火無跡可尋。我無法做好任何預防措施來保護自己。」他哀怨地說。

有時候他覺得公主應該會發火，可是那天剛好心情大好，饒過了他；有時候他覺得應該會沒事，但公主那分鐘心情不好，就狠狠地飆了他一頓。他和公主們的戀情平均維持一到兩年，這已是好好先生的他，最大的忍耐極限。

我們不能說，男人最好對公主敬而遠之，畢竟有些公主真的很可愛。她們只是還不懂得愛與尊重這兩件事。如果男生們還是要大膽地奔向公主的身邊，那麼請注意以下事情：

第一、不要正面對公主批評謾罵

兩人交往時不應該出現的傷人字眼，對公主更是不能說。因為一旦說了這些字眼，只會讓戰火更加一發不可收拾，到最後當炮灰的還是自己。

例如說：「妳太無理取鬧了！」、「妳真是令人難以忍受！」、「妳發什麼瘋！」……這些話就像阻擋洪水的閘門一樣，一旦打開了，保證後患無窮，接下來幾天都沒有好日子過。

第二、爭吵時以時間換取空間

當人們在氣頭上，很多話是不可能聽進去的。生氣是一種情緒，所以這個時候，你要對著情緒講「道理」是沒有用的，你應該對著情緒講「感情」才有用。

面對公主的憤怒，你可以嘗試著安撫她，例如說：「不要生氣了」、「我了解妳的感受」、「我也不希望事情變成這個樣子」、「妳不開心我也很難過」……這些話不但可以給公主找個台階下，還可以給她們空間去評斷：要不要繼續吵下去？

如果事情真的一發不可收拾，那麼，暫且和公主分開幾天，以時間換取空間，等到大家都冷靜後再來處理也不遲。

第三、不要當個軟趴趴的糒糬

男人們其實很怕和女人爭吵，覺得很麻煩。所以一旦發生衝突的時候，男人的反應多半是拍拍屁股走人，要不就是息事寧人。這兩種作法在另一半是公主的戀情中，殺傷力最大。

男女在一起本來就應該平等互相對待，如果一方的氣勢太強，而另一方老是讓自己當個軟趴趴的糒糬，「什麼都可以」、「得過且過」，那麼只會讓問題越來越嚴重。你今天因為少接三通電話而挨公主的罵，明天就會因為少接一通電話而讓公主鬧分手。

面對公主的無理取鬧，不需要逃避。如果做錯了，就勇於承認自己錯了，說句對不起，以後不再犯。如果你該做的都做了，她還要追究下去，此時不妨拉長戰線，給對方一些時間去思考。相反地，如果你沒有做錯任何事，只是因為工作的緣故而漏接了公主的電話，你應該立場堅定、語氣柔軟地表明立場。

「想想看，王董正在和我談這個案子，我可以把他晾在那裏，一直聽妳說買錯衣服的困擾嗎？如果我因此而得罪了王董，是不是還要花更多時間去解決呢？這樣的結果對我們兩個人好嗎？」

如果公主還在氣頭上，一定會繼續把「你不愛我」這種無限上綱的辯論拿出來盧。而你一定要始終抓緊「立場堅定、態度柔和」這兩個原則，不要捲入了公主鑽牛角尖的思緒裡。

我曾經交往的一位女生，在我和哥兒們聚會的時候打電話來，我沒接到，後來她又打了第二通電話，電話中的她當然是情緒爆炸，出口沒有一句好話。

我也被激怒了，就清楚明白地告訴她，我在什麼地方和朋友小酌；如果她還要無理取鬧下去，我就掛電話。後來，電話又響了幾次，我都不接。

不接她的電話不是要性子，男人的心胸也不應該這麼狹窄，我只是要讓她去想一件事情：「是要繼續傷害彼此的關係下去，以至於失去對方也在所不惜」？還是要「冷靜一下，給雙方找個台階下」？

第四、不要怕分手

很多男生遇見了公主，很怕公主甩掉他們，所以對公主百般容忍。問題是，你可以容忍多久？一年、兩年？直到再也不能忍受了嗎？或許，你期待著明天一覺醒來，公主突然性格大變，對你百般溫柔體貼，但這種奇蹟幾乎不會發生。或許你很擔心，離開了這個公主之後，會不會找到下一個公主。不過這種擔心是沒有意義的，因為你永遠改變不了將會發生的事情。

我常說：「不怕分手的人最大。」如果兩個人在一起真的那麼痛苦，就是不適合，或許讓彼此有機會去找到一個更適合的人才是對的。

當你勇於把分手當成兩人關係中的選項，面對問題時才會更自在。

相對地，女生也一樣，不要怕王子和妳說分手。

如果妳已經為這段感情努力了很多，依然沒有好的結果，那麼分手也是一個選項。

分手其實並不可怕，想想我們本來就是一個人。在人生旅途上遇見了喜歡的她（他）；開心地一起走上一段旅程，我們都要心存感謝了。至於這個人會不會陪我們走到盡頭；那是可遇不可求的機緣。

「我就是我啊；你無須為我改變，我也不會改變你。」才能在感情中取得平衡和快樂。

當女人變成了公主、女王，男人只好開始逃亡

關於「公主病」這件事情，男人們都很清楚，如果過了一個年齡還改不掉，「公主病」就會進階成「女王症」了。不管公主或女王外表長得多正，如果表現得太過極端，自我膨脹過了頭，男人也無法和她們長久相處在一起。

原因就是，她們容易把別人的好當成理所當然，把別人的不好放大檢視。最重要的是，她們的溝通方式很糟糕。如果自己不高興就不說話，別人做得不對馬上翻臉；溝通的時候，把自說自話當成辯論，把別人的話當成蚊子嗡嗡叫。

她們和情人經常溝通失敗，傷感情又傷心。

如果我說女孩子要溫柔一點才好，大概有很多「公主」、「女王」會生氣，覺得這是打壓女人。不過如果我說，人與人之間是講感情的，那麼她們應該可以認同吧。

妳的父母親做了一件令妳不滿的事情，妳會對他們這麼兇惡嗎？妳的朋友不小心冒犯了妳，妳非要把他們罵到狗血淋頭嗎？妳覺得，這樣做對你們的感情有幫助嗎？

這樣做妳就快樂嗎？當然不會，因為妳很在意他們。妳在意他們，不是因為他們有多完美、無懈可擊，而是因為你們之間是有感情的。

我常開玩笑說：當女人變成了公主、女王，男人只好開始逃亡。

我明白「公主」或「女王」是出自於一個「女人要愛自己」的正面態度，但是當妳遇到一個心愛的男人時，請試著把過去所看到、聽到對於男人的成見，像是花心、無情、自私……等等暫且都拋開，因為在妳面前的是一個不一樣的男人，他不是那些壞男人的綜合版。

每個人都不一樣，妳應該用心去了解他，以溝通取代命令，才能和他好好相處。

重點來了，要怎麼溝通比較有效？難道非要當一個沒有個性的小女人才能受到男人寵愛嗎？當然不是！妳應該有自己的主見和想法，但是表達方式可以溫柔一點。

例如說，當男友前晚沒有接妳的電話，隔天妳當然要問問是怎麼回事，但是，以下兩種溝通方式，結果可就大不相同。

1.「你昨天為什麼不接電話？你去哪裡了？和誰鬼混？有沒有做對不起我的事？」

這句話一說出口，免不了又是一場唇槍舌劍了。

相反的，如果妳輕聲地說：「Baby，我昨天晚上有打電話給你耶。」男人聽到這種「點到為止」的話，通常就會主動說明，交代昨晚的行蹤。

2.「我不相信你沒聽到電話響，你一定是心裡有鬼！」

萬一妳真的冤枉他了，這句話會不會對他太不公平？

如果妳換個方式，關心的說：「寶貝，你下次如果看到我的未接來電，可以先撥個電話給我嗎？因為我會擔心。」

男人就算真的心裡有鬼，下次也不太想再搞鬼。因為他可不想失去這麼愛他的女人。

「溫柔鄉，英雄塚」，是自古不變的人性。

在愛情中，以溫柔當武器，才有可能征服男人的心；表現溫柔不是要妳顯出毫無個性的軟弱，而是更有效的溝通方式。

愛情＋－2度C

James和Marry是一對恩愛的夫妻，但是有一天Marry告訴我，她和James已經冷戰三天了。這對於認識他們的朋友來說，可是一件不得了的大事。所以，想必引發他們衝突的是一件嚴重的大事。

Marry說，上週主管把她找去，希望她能修改一份重要的企劃案。在討論過程中，主管說了這麼一句話：「妳的企劃能力一向很好，只是有點鑽牛角尖，忽略了大方向。」

這對於一向重視工作、並且以工作能力自豪的Marry來說，打擊很大，也令她耿耿於懷。當天下班之後，James和她討論要去哪家餐廳吃飯時，Marry因為心情不佳，對於James的提議全都一一否決了。

結果James就半開玩笑地對Marry說：「親愛的，我知道妳很重視細節，我們只是吃個飯，就別那麼鑽牛角尖了。」

Marry 聽到「鑽牛角尖」這四個字，立刻聯想到白天主管說的話，當場一把火氣就上來了，她對 James 飆淚說：「對！我這個人就是愛鑽牛角尖，小家子氣，登不上大雅之堂。」莫名其妙被飆了一頓的 James，一時下不了台，兩人之間的口舌之戰就這樣展開了。

從旁觀者的角度來看，整件事情的導火線，其實只是 Marry 的主管否定了她的企劃案而已。原本兩人下班後可以開開心心地一起去用餐，交換一天的心得，沒有想到卻陷入了「愛情的正負兩度C」的危機。

在一段愛情關係裡，很多時候，「情緒」或「心情」是影響兩人感情發展的關鍵要素。

當一對伴侶爭吵時，往往都是任由情緒主宰了思緒，此時，不妨試著先調整一下自己的心情溫度開關，當心情的溫度冷卻緩和下來後，才能夠有效解決事情的爭端。

男人也需要修愛情學分

在受邀演講的場合中，許多年輕朋友會問我一個問題：「為什麼我遇不到喜歡的人？我的異性緣很差嗎？」事實上，有些人在感情上抱持著隨遇而安的心態，認為沒遇到喜歡的人也沒辦法。

有些人則認為是別人不夠優，所以看不上眼，都是對方的問題。

我必須強調，愛情不會是一個人的問題，也不是老天爺的事，愛情出問題，往往是因為其中一方沒有認真去修習愛情學分。

我和 Rosita 曾在大學推廣教育中心開設了一個愛情學分課程，十分受到歡迎。不過，現場參半幾乎清一色是女生學員，對於男生來說，修習愛情學分仍是一道心理障礙。

在現代社會，只有女生參加兩性座談會、閱讀兩性相處書籍是不夠的，女生在愛情學分修得再好，如果男生的愛情能力還停留在上古時期，那麼兩性關係還是無法圓滿。

聽到男生也應該修「愛情學分」的說法，我想大多數男生的第一個反應一定會是：「ㄘ丶ㄟ……那也太娘砲了吧？」很不以為然。

因為我們從小深受哥兒們的影響就是：搞定女人是男人的天賦本能，沒有這種能力就遜掉了。所以，我們根本不願意承認一個事實：自己其實搞不定女人。

在愛情中，雖然我們靠著跌跌撞撞，嘗試錯誤，也能悟出一番愛情的道理。但反過來想，如果你能及早學會一些愛情中的技巧，是不是就能減少一些遺憾呢？

愛情就像課本裡的知識、工作上的專業一樣，也需要學習。

現代人生存壓力大，忙著賺錢工作的時間往往就佔去了生活的一大半，認識感情異性的機會相對減少，因此，不少男生也只能看著MSN、Facebook、交友網站裡的網友暱稱，內心想像著愛情的情節……

男生雖然愛著虛擬世界裡的宅男女神，還是很寂寞，希望有個能夠真實擁抱的女生在身邊。但是，要從哪裡著手呢？

首先，你要問問自己，希望女生愛上你嗎？還是你只要抱著宅男女神的海報就能滿足？如果你下定決心走出電腦裡的虛擬愛情世界，那麼，有些事你需要好好思考。

首先，女生為什麼要愛上你呢？

這個時候你也許要嘆一口氣，說：「我不知道女生為什麼要愛上我，我長得既沒有王力宏好看，也沒有周董那麼會賺錢。」如果你有這種認知，那很好，表示你至少很認真去想過女生的需求。你不妨就從這裡開始吧。雖然你長得沒有王力宏好看，多數人其實也一樣，但是至少你可以努力讓自己看起來不要差太多。

「人要衣裝、佛要金裝」，學會打理自己的外表是第一步。

然後，你應該也聽過哥兒們說：「女生都喜歡聽好聽的話。」所以，學會說話也是愛情學分很重要的一堂課。

我常常看到一些男生很熱烈地發表意見，想要逗女生開心，可是卻把女生煩得臉一陣白一陣綠，還不知道要住口，硬是還把肉麻當有趣，真的很為他們捏一把冷汗。

男生不能老是酸溜溜地說：「女生都喜歡嘴賤的男人。」自己卻不求改進。如果是這樣，就算全天下嘴賤的男生都死光了，女生還是不會選擇你啊！

在你學會說話之前，想要得到女生的喜歡，至少不要讓她對你反感，最好的方式就是「尊重對方」。

在說話之前，請先想想看是否會冒犯到女生，例如說：「妳最近胖了」、「妳年紀不小了」……這種話最好不要說出口。當然，你也可以選擇少說少錯，保持沉默，可是別讓自己在一群人當中，成為一個虛設的佈景。

在公眾場合中，你可以主動參與別人的談話，傾聽別人的說話內容，試著融入熱鬧的氣氛，這可以提升你的社交能力。

說了那麼多，我相信很多男生還是不知道從何學起。

但我不會教大家去翻雜誌掌握流行趨勢，因為你的職業不是造型師，這個課程對絕大多數男生來說太吃力；我也不會建議大家去搜尋把妹寶典，因為那些都是紙上談兵，距離現實太遙遠了。

我的建議是，從看電影開始學習。視覺和聲光效果對於男生的影響力，比什麼都來得直接有效。從電影中，你可以學習男主角的說話方式、穿著打扮、和女主角的應對……這些都能潛移默化，提升你的愛情實力。

所以，想談戀愛又不知從何下手的男生們，讀完這本書之後，馬上去找一部精采的電影來看吧。

C型愛情觀

在當今這個社會，如果女人到了三十歲還沒結婚，或連個固定交往的男朋友都沒有，就被稱作「敗犬」；到了四十歲沒結婚，就被稱為「獅奶」（cougar）。熱門影集「慾望城市」（Sex and the City）裡，四個年過四十的女主角，她們自信、美麗，充滿魅力，成為男人目光的焦點。

熟女的魅力，也是一些年輕男生所欣賞的。

我曾聽過一些年輕的男生談到，同年齡的女生個性驕縱任性、動不動就發大小姐脾氣，兩人經常為了一點小事就爭執不休，然後女生就開始使性子冷戰，好幾天不說話，和她們相處起來真是累啊！

反倒是這些熟女姊姊貼心、善解人意，相處起來愉快許多，加上她們人生閱歷豐富、個性成熟穩定，因此對她們流露出崇拜傾慕之意。

這些經濟上自主獨立的單身熟女，很清楚自己要什麼、不要什麼，在愛情關係裡不受生育下一代的觀念所羈絆，也不需要愛情的承諾，加上拜醫學和美容產業發達之賜，她們要保持看似年輕貌美的外表並不困難，這讓許多年輕男生們更樂得與獅奶交往、談戀愛。相對的，單身熟男們往往容易被年輕女孩的青春胴體所吸引。

在這個多元化的愛情時代，無論是熟男愛嫩女，還是獅奶愛弟弟，都已經是十分普遍的現象；「熟年離婚」在台灣也有增加的趨勢。

原本愛情就沒有什麼規則可言，只要是能找到令你有戀愛感覺的人，年齡的差距、是否結過婚，真的不是問題。

傳統的愛情是L型——「線性」（Line）發展，就是遇到一個喜歡的人，兩人開始約會、交往到走入婚姻。好像當我們到了一定年齡，就應該要步入某個愛情階段。比如說，二十多歲時就應該有個交往的對象，三十歲時就應該有個論及婚嫁的對象，進而步入結婚禮堂。

現代二十一世紀的愛情觀，叫做「C型（Cycled）愛情」。

它的含意是，不論你現在幾歲、你的工作、社會地位、經濟條件如何，不論你是第幾次談戀愛、還是正值第二春，只要你仍然有一顆「戀愛的心」，就可以保有對下一段戀愛的期待，不必宥於傳統的壓力與旁人的眼光。

「到底下一個男人（女人）會不會更好？」

在我的身邊，有些朋友正面臨了「第二春」的困惑，他們對於自己是否該尋找或接受下一段戀情，感到有所遲疑。

這個問題我無法幫他們回答，但可以肯定的是，「我們明天會更老」，因此更要珍惜愛情。

在離婚率高居不下的現代社會，婚姻關係顯得脆弱許多。但是，在C型愛情中，「第二春」反倒可以讓我們更清楚、更成熟地去面對和選擇適合自己的另一半，進而找到人生的良伴。

當愛情市場隨著時代轉變而出現結構性變化之後，我們不必再被年齡、人生階段等因素限制，可以更勇敢地面對愛情、追求幸福，擁有獨一無二的戀情。

男人也要懂得愛自己

我自己是個重視工作的男人，所以很明白，一個重視事業的男人，在事業和愛情之間可能出現什麼掙扎和問題。

以工作為重心的男人，每天加班加到天昏地暗，回到家裡，累得像狗一樣，往往連打一通電話給女朋友的力氣都沒有。

如果是結了婚的男人，即使難得準時下班，回到家裡仍然在想著工作上的事情，以至於連老婆的一句話也懶得回答。

為了追求成功的腳步，他們連週末都不願意浪費時間，還是在工作上埋頭苦幹。

他們的口頭禪是：「我在工作啊！哪有時間？」

聯誼，沒有時間；交女朋友，很浪費時間；結婚，沒有時間；生小孩，沒有時間；帶父母出去玩，沒有時間……

我相信工作真的不是這些男人最初的目的，也不真的想要擁抱著工作過一生。他們會那麼認真投入工作，不外乎是為了證明自己的能力，並且給身邊的女人或家人好日子過。

工作對男人來說雖然是人生大事，但並不是全部。

我可以非常肯定地告訴你，工作是永遠做不完的，不管你加多少班、犧牲多少休閒時間在工作，工作永遠都是做不完的，所以就別再去奢望「哪天工作做完了，可以放個長假」的春秋大夢了。

如果你的心裡總是想著工作，就永遠得不到想要的長假。沒有自己的生活，像機械般地工作運轉著，對於你的事業也沒有太大幫助。畢竟，人不是機器，需要適時的休息，才能創造出更高的工作效率。

男人，你其實也應該要學會好好愛自己、享受一下人生的樂趣。像是有個契合的伴侶在身邊，做自己喜歡的休閒活動、出國度假來犒賞自己……這些都是男人們愛自己的方式。

有事業心的男人固然令人敬佩，但是能活出自己的 life style，更是重要。

一個男人如果能活出自己的 life style，就表示他不再受工作所牽制，而能掌握自己的人生。

男人想清楚要愛自己，要做的第一件事情，就是把你的工作時間和生活時間分開，分得一清二楚，不要老是讓工作撈過界，影響你的生活。

一開始，你可能很不習慣，因為你早就忘記了，工作之外的你要怎麼過生活？除了窩在家裡吃泡麵、看球賽、打電動之外，還能做什麼？

能做的事情可多了！

首先，把你 e-mail 名單上那些久未聯絡的朋友們找出來吃個飯，聊聊彼此的近況。朋友是你最好的鏡子，他們會讓你知道，你現在需要做什麼，才能一點一滴找回自己。

接著去參加社交活動。在忙碌工作之餘，多參與社交學習活動與課程；透過知識分享，結交和工作職場領域不同的朋友，拓展人際關係，藉此豐富自己的人生經驗，也找回你的核心價值。

你想談戀愛嗎？

許多人感嘆：「為什麼愛神總是不眷顧我、不來敲我的門呢？」「我的條件也不差，為什麼都沒有人懂得欣賞我呢？」

這些沒有愛情生活的人，經常自嘲自己是「剩男」、「剩女」。

如果你去問問身邊沒有戀愛生活的人，可能會發現：他們對於愛情似乎有一個共同點，就是對於愛情抱持著消極的態度。

他們常掛在嘴上的是：「愛情，隨緣吧！不強求！」「我現在太忙了，根本沒空談戀愛。」「我的前一段戀情到現在還很痛，算了！我不想再談感情了。」「現在好男人不是結婚了，就是ｇａｙ，要不就是沒感覺，算了！」

雖然沒有愛情滋潤的生活，他們大部分的時間也可以過得很好。

只是，「孤單不是病，但是當夜深人靜，還是覺得有點不幸。」

如果你現在正置身於剩男、剩女的行列，也請別對愛情感到灰心、絕望。努力把自己的心態調整好，讓自己的個性變得好相處、隨和一些，並且用欣賞的角度去面對周遭所遇見的異性；不要抱持著懷疑的態度，以為異性接近自己都是「有目的」的。相信只要你放開心胸，一定會有機會找到相知相惜的伴侶。

愛情是我們無法掌握的，而且我們也永遠不知道，當有一天，我們碰到一個有感覺的人時，會不會就是命中注定的他（她）？

如果你很幸運地，遇上了一個愛你的人，而你也喜歡跟他在一起的感覺，那麼就請好好珍惜看待這份戀情。

認真付出對他的好，並且努力經營屬於你們的愛情。

成熟的愛和不成熟的愛

我身邊有很多優秀的朋友，在各方面條件都很棒，擁有很好的學歷，令人稱羨的工作，然而，一旦談起戀愛就變得「幼稚」了！

在愛情中，他們會不自覺地用「工作我」來看待另一半。

如果對方的表現不符合自己的預期標準，就愈會覺得失望，這就是為什麼現代許多男女一談戀愛就顯露疲態，很容易戀情就「掛」掉的原因。

成熟的愛是因為「我愛你」，所以我需要你；而不成熟的愛則是「我需要你」，所以我愛你。

偏偏很多時候，我們都會不自覺地「以愛為名」來滿足自己的內心需求。

不過，這種需要一旦被其他事物填補或是移轉了注意力，原本短暫的山寨版

「愛情關係」，也就容易崩潰瓦解了。

很多女生在談戀愛之前，總是會給自己先設下一些「條件」，像是：我一定要遇到一個感覺很對、很愛的人，才會和他談戀愛。但是，什麼是「感覺很對」、什麼又是「很愛很愛」呢？這個說法實在是太抽象了！

現代人普遍都忙，生活壓力大，時間也變得特別寶貴，甚至連談感情的時間也不願多浪費，只求感情快速進展，再看看彼此到底適不適合。無形之中，也可能掉進了「速食戀情」的陷阱中，以為自己和對方很速配、很登對。

我們經常會從一些未婚男女的口中聽到：

「我們一起去逛街，結果發現，我們喜歡去的咖啡館竟然是同一家。」

「他找我去看電影，結果是我剛好想要看的那一部。」

「我和他一天之內巧遇了三次，這是不是命中注定的緣分呢？」

這些「戀愛相對論」並不足為奇，因為他們的內心正感到空虛寂寞，渴望談場浪漫的戀愛，所以很容易把一些訊號解讀成了愛情。

你也是一個很容易愛上別人的人嗎？

有位女性朋友告訴我：「我很容易吸引異性來追求我，但是男生在追求我的時候常常表現非常急，一天數通電話問候，每天下班和假日都想約時間見面……」

說穿了，這種速食的追求心態，其實是想要「速配」，快速達陣而已。

速配（台語）是適合，速食愛情卻是一種「交換行為」，也就是：因為你具備了什麼樣的條件，所以我要和你在一起。

一般來說，具備外型條件的人，通常很容易快速地贏得異性的好感，在感情中先馳得點。

現代人愛情的壽命越來越短，多則半年，少則三個月或一星期，就可以從熱戀走到分手。

速食愛情是這個新世紀的產物，應付著人們大量而快速的感情需求。

感情，應該是感覺加上心情，有感覺不一定就是真感情。記得，請別把「速食感覺」當作「速配感情」。

愛情不必太現實

我曾經介紹一對男女生認識，大家一起吃個飯，吃完飯之後，男生堅持不幫女生付錢。這其實也沒什麼好奇怪的，有些人的原則就是「各付各的」。

可是，事後這個男生和我說，他不願意幫女生付錢，是因為她長得不夠美。

我覺得這就不對了！

通常沒什麼戀愛經驗的男生都有這種把女生「二分法」的毛病，不是「恐龍」就是「正妹」，不是「真命天女」就是「路人甲乙」。他們不和女生做朋友，只想直接和女生談戀愛。可是，一旦他們真的有機會和女生談戀愛了，又因為不知道如何和女生相處，而錯過了一段美好戀情。

對於這些短視近利的男生們，我必須說，不管是「正妹」和「恐龍」，你都應該試著和她們做朋友，了解她們的感受和需求；至少在和她們相處的過程中，會讓你稍微了解一下女人和男人的不同之處。

當有一天，愛情緣分從天而降的時候，你也比較能夠掌握大局，不會被女生甩了一巴掌，還不知道為什麼。

這樣說來，男生大概還是不會心甘情願付錢。那你不妨這樣想：雖然眼前這個女生不巧是個「恐龍妹」，可是「恐龍妹」會不會剛好有個「正妹」朋友？

如果你的表現這麼沒風度，那麼一旦風評傳出去了，你覺得還有「正妹」會對你感興趣，想和你做朋友嗎？

同樣的，女人在面對愛情時，也容易出現好高騖遠的心理。有些女人不僅要求交往的對象要三高（身高高、學歷高、收入高），並且附帶一些細節，例如婚後不與公婆住在一起、每年出國一趟……讓男人們紛紛搖頭、打退堂鼓。

女性有這種「弱水三千，只取一瓢飲」的氣勢固然很好，至少減少很多「誤入歧途」的機會。不過，我們要做的應該是挑選對象，而不是挑剔對象。

所謂的挑選，就是了解自己適合什麼樣的對象，有一個積極性的目標去爭取。

而所謂的挑剔，則是不了解自己到底適合什麼樣的人，卻老是覺得別人條件不夠好，配不上自己。

根據「吸引力法則」，負面的挑剔是很難找到正確的對象。

想要找一個夠品質又具品味的好對象，這種心情是可以理解的，但也不要吹毛求疵、挑三揀四，心態大於姿態。

面對愛情不能太現實，感情是需要用「心」來感受，不是用「腦」去計較。要知道，凡事都有得挑剔，而挑剔到最後的結果，就是無法讓自己滿意，然後又回到了原點。

適當的篩選交往對象當然是必要的，但同時你也要傾聽自己內心的聲音，它不一定想要一個一百分的男人、女人，而是要懂得自己的人。

男的帥，女的美；男的多金，女的溫柔，擁有這些條件的人，幾乎很少不讓異性趨之若鶩，他們就像包裝精美的禮物。

但是，很多人打開禮物之後就逃跑了，為什麼呢？因為他們看見了對方的缺點，一時難以接受。

這世界上每一個人都有缺點，妳心儀的男人可能不如想像中的勇敢、大方，你愛慕的女人可能比想像中愛計較、嫉妒心強……這些缺點都可能出現。

因此，當你決定好好投入一段感情之前，是不是應該提醒自己，先去看看他的缺點，進而愛上他的缺點呢？

或許你認為懦弱是個缺點，但它是一種保守的個性，保守並不是一件壞事情，有時候可以預防一些壞事發生。或許你覺得女人嫉妒心強是缺點，但你也很難不被她投入感情的認真傻氣所感動。

男人聒噪不好嗎？

那也不一定，或許有些時候，妳就是需要他一再提醒，以免做錯決定。

一個人的個性沒有絕對的好壞，只有合適與不合適而已。當我們把對方的缺點看成「特質」之後，或許就比較能平心靜氣去面對，取得平衡點。

如果你想要在多數追求者中勝出，靠的絕對不是愛慕對方美好的那一面，而是接納她那些其他人不想忍受的一面。如此一來，她會感覺到，你是全世界最了解她的人，比其他追求者都重要。

而從經營感情的角度來說，這也是必要的。兩人要長久穩定的走下去，就不能逃避彼此的缺點，而是要面對它。

優點人人都愛，沒有什麼好稀奇的。可是，如果你能先接受對方的缺點，那就表示，他是一個你能完全接納的人。

未來，在這段感情當中，你們所遭遇的難題也會減少很多。

婚姻也要「週休二日」

有一回，我諮商班上的學生，說了一段自己的親身經驗。

她說，有一次她獨自參加好友的結婚喜宴，看到身旁一位女性的男友幫她剝蝦殼，並把剝好的蝦子放在她餐盤上，讓她不禁發出了羨慕讚嘆之聲。

這位女性聽了，客氣的說：「如果妳先生也在的話，一定也會幫妳剝蝦殼呀！」

這位學員立刻回道：「什麼剝蝦殼！我先生連我的衣服都懶得剝了，還會殷勤地幫我剝蝦殼嗎?!」相信這個故事會讓很多夫妻會心一笑。

工作佔據了現代人大部分的時間與體力，已婚的夫妻則因工作時間無法配合，常常處在同一個屋簷下，卻過著兩種生活。拜科技之賜，現代人多倚賴網路，靠MSN、e-mail，以及手機簡訊聯繫溝通。

我有對夫妻朋友，先生跟太太一天講不到幾句話，有事都是靠ＭＳＮ聯絡，或者打手機簡訊，習慣變成了自然，連回到了家裡，睡前待在各自的書房，有事要交代也習慣上網ＭＳＮ來ＭＳＮ去的。

我開玩笑的說：「大概是你太太回家，卸了妝後，不好意思見到你吧？」雖然說是一句玩笑話，但也透露出現代夫妻之間普遍缺乏「口語表達」。當兩人獨處時，不知道要跟對方說些什麼，也不知如何表達愛意。

好聽的話語男人女人都愛聽，在婚姻裡更是如此。懂得「口語表達」不只能維繫愛情，更能改善彼此的關係。

尤其一對夫妻相處久了都會出現一種通病，那就是很多事情都變得理所當然，總認為「對方應該會知道我的想法吧！」所以，有兩句話就成了夫妻之間的寫照，就是：「我說了，你也不知道！」「我不說，你也應該知道吧！」

由於早已習慣彼此，他們也懶得再去關心對方內心的感受；相對的，兩人之間的互動，也少了感謝和禮貌相待。

我們都渴望愛情，希望能與心愛的他（她），走上紅地毯那一端。然而，結婚之後，我們仍然「同心」也「同步」嗎？戀愛是片面的互動，婚姻則是全面的相處。當兩人開始共同生活，本來就不像單身時那樣自由自在。很多生活裡細節小事，如家事分擔、作息習慣，都需要互相配合。

我常說婚姻就是「一人一半，感情不會散」，做一半的自己，換一半的對方；做一半自己的優點，換另一半對方的優點。在兩人以「甜蜜的愛」為基礎共同生活時，往往需要做一些妥協。

現代人普遍有種「婚姻障礙」心態，就是想共同擁有對方的一切，又想要自由。倒不是說另一方「吃在碗內、看在碗外」，而是在兩人共同生活中，仍想保有「自我的部分」。因此，我鼓勵現代夫妻應該勵行「ＬＡＬＴ」（Live Apart，Love Together），在同一個屋簷下，「分床」、「分房」、「分廁」（現在一般家庭大都有兩套衛浴設備），既可保有兩人相愛時的甜蜜，又可避免不同習慣帶來的阻礙。

「婚姻週休二日」，也是一個維持感情的方法。

我認識一些感情很好的夫妻，平日各忙各的，也說好不干涉彼此的生活和工作，但是一定把週末時間留給彼此。有些夫妻平日朝夕相處，一同工作生活，但說好了週末就是各自的時間，無論想做什麼找什麼朋友出去玩，都很自由。

相較於「每天見面，每天吵架」的夫妻而言，他們的婚姻生活品質很高，對於家庭的凝聚力更強。

你不妨試著回想一下，回到當初談戀愛的時候，「距離美感」是不是讓你們保有想像與思念的時間。總是在剛掛下電話後，你又有想見到他的衝動；明明昨天才整天在一起約會，今天又有想要跟她（他）見面的渴望……

所以我說：兩個人的婚姻生活「留白」很重要。就是在彼此心態上要有「尊重對方、獨立自己」的觀念。

婚姻生活是兩個相愛的人「戀」在一起，不是把兩個人「鍊」在一起。

夫妻婚姻生活同處一個屋簷下，朝夕相處固然甜蜜，但也不要忽略了，每個人每天都有不同的心情。現代雙薪家庭，夫妻兩人都有來自工作上的疲憊與壓力，很多時候，一方不開心或情緒不穩，並不是對方的因素或問題，只是需要一些獨處與安靜，這時的另一半就要有所體諒。

有位朋友告訴我一句話：戀愛時做「好情人」，結婚後要做「好朋友」。

「好朋友」可以海闊天空、無話不談，既可以是互相依偎的情人，也可做君子之交淡如水的知己。「天長地久」的婚姻固然令人欽羨，「曾經擁有」的婚姻也不失令人懷念，而「能撐多久」的婚姻，則叫人聞聲色變。

在婚姻中，如果你能保持著「婚姻客製化，而不是制式化」的想法，在互動的過程中，努力了解對方的需求，給予適當的尊重與體諒，相信你們的婚姻會更幸福美滿。

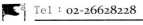

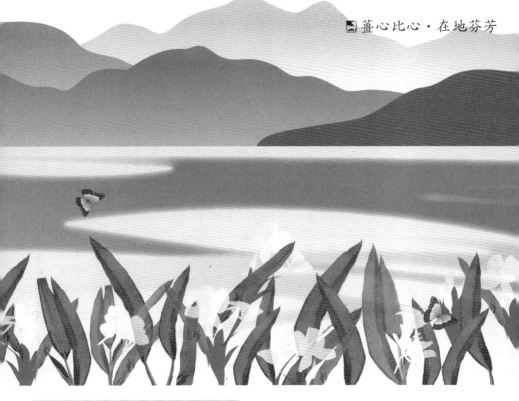

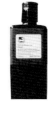

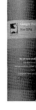

國家圖書館出版品預行編目資料

戀愛時當好情人，結婚後做好朋友/ 朱衛茵 & KEN 著.--初版.--臺北市：平裝本. 2010.11
面；公分（平安叢書；第357種）
（UPWARD ；029）
ISBN 978-957-803-785-4（平裝）

1.戀愛 2.婚姻 3.兩性關係

544.37 99020133

平安叢書第357種
UPWARD 029

戀愛時當好情人，結婚後做好朋友

作　　者—朱衛茵& KEN
發 行 人—平雲
出版發行—平安文化有限公司
台北市敦化北路120巷50號
電話◎02-27168888
郵撥帳號◎18420815號
皇冠出版社(香港)有限公司
香港上環文咸東街50號寶恒商業中心
23樓2301-3室
電話◎2529-1778　傳真◎2527-0904
出版統籌—盧春旭
出版策劃—龔槵甄
編務統籌—孟繁珍
美術設計—程郁婷
行銷企劃—李邠如
印　　務—林佳燕
校　　對—鮑秀珍・邱薇靜・孟繁珍
著作完成日期—2010年
初版一刷日期—2010年11月

法律顧問—王惠光律師

讀者服務傳真專線◎02-27150507
電腦編號◎425029
ISBN◎978-957-803-785-4
Printed in Taiwan
本書定價◎新台幣280元/港幣93元